歴史文化ライブラリー

15

民俗都市の人びと

倉石忠彦

吉川弘文館

目次

都市と民俗学

都市への視線

都市の空間

民俗都市の時間

日本音楽著作権協会(出)許諾第9701851―701号

都市と民俗学

民俗学と現在

現在学としての民俗学

文明開化の掛け声とともに、明治維新を契機として西欧文化は日本全国を覆うことになる。「ざんぎり頭を叩いてみれば文明開化の音がする。ちょんまげ頭を叩いてみれば因循姑息《いんじゅんこそく》の音がする」と、かつての生活のあり方は古臭く、劣ったもので、否定されるべきものとされた。そうした状況下にあって日本の在来文化を研究の対象とするとき、それはいかに未開野蛮なものであるか、あるいはいかに非合理的なものであるかを確認することも目的の一つとされた。

そうした状況下にあって、いわゆる近代化の過程で失われ行く民俗文化のあり方をもう一度見直そうとする動きもおいおいに生まれてきた。それは単に在来文化に対する価値を見いだすというだけではなく、何がどのように受け入れられ、どのように変化変容するかという文化のあり方そのものを見ようとするものでもあった。そしてそれはいうまでもなく自分を、現在のあり方を理解しようとするものであった。過去を視野に収めながら、現在の自分たちのおかれた状況を理解しようとする営みであった。これが自民族文化を研究対象とする民俗学の関心である。

こうした現在に対する関心をとりわけ直接的に民俗学に取り入れたのが柳田国男であった。若き農政官僚として農村改良運動にかかわって日本全国を視察指導する過程で、日本の農民はどうしてこのように貧しいのかという疑問を抱き、それが民俗学にかかわる大きな契機になったという。また飢饉の体験や、兄嫁の離婚の問題、そして生まれたばかりの子供を生んだばかりの母親が自らの手で殺す姿を描いた絵馬などに強い衝撃を受けたという、これらもまた後の民俗学の重要なテーマとして展開していく。

現在の生活のなかに見いだすことのできる問題に対し、現在の生活を対象として取り組もうとするのが民俗学である。それはまた、そうした問題を生み出すことになった生活文化はわれわれがかかわって作りだしたものであり、なぜそうしたものを生み出したのかということを考えることは、われわれ自身を考えることにもなる。そういう意味で民俗学は現在学であり、自己内省の学であるということもできる。民俗学は古い生活文化のみを対象とするのではない。むしろ現在の生活やその文化にこそ強い関心を抱いている。

現代と民俗学

現在に強い関心を寄せるということは、時代性を背景とした現代に対する関心も存在するということである。しかし「現在」と「現代」とはまったく同じ内容をもったものということはできない。つまり、「現代」といったときにはおのずからそれに対応する近代や近世、あるいは中世などという時代が存在することになる。そしてそうした時代と異なる現代としての独自性を認められなければならない。それはまた前代との断絶的な認識に基づくものであるということでもある。

しかし、「現在」はそうした断絶的な認識を背景としてはいない。むしろ時間的経過の最先端にあって、過去から連続する時間の一時点を示しているにすぎない。そしてその「現在」はまた基本的には未来に連続するものである。そうした意味では連続的な認識に基づく時間認識ということができる。

民俗学の対象としての生活文化・伝承文化はこうした無数の現在の蓄積の上に築き上げられ、いま眼前に存在し、われわれが享受し、育んでいるのである。民俗学がそうした文化の変遷や変容の過程を明らかにしようとするときにも、そうした「現在」を結んで考えるのである。民俗学が「現代」に関心を寄せるといってもそうした「現在」とどれほどの違いがあるのであろうか。「現在」を理解し、われわれの生活文化を省みようとするとき、その「現在」をただ「現代」と呼んでいるだけであるかもしれない。ともかく民俗学にとって現在の存在とその把握は基本的なあり方であると思われる。

都市に対する関心

日本における現在の生活・文化の状況を考えるとき、都市の存在は見過ごすことができない。都市そのものの存在は、「都」として日本にただ一つしか存在していなかった時代から、政治の拠点としての城下町や、商業・交易の発達に伴って形成された商業都市や、信仰施設にかかわって形成された門前町などが時代の展開とともに形成されていった。そうした都市もそれぞれ生活や文化の上に大きな影響を与えたし、人びとの関心の的であったことは事実である。新しい情報や文化などはここを拠点として近隣にもたらされたし、都市の祭りは多くの人を集めた。初市・盆市・歳の市、あるいは節供のときにひらかれる節季市などは物資の交流の機会であった。

こうした都市のあり方は空間的にも時間的にも、限定された存在であり、その文化もまたある意味で限定的な存在であった。都市的なところに住む人びとは、村落住人と深くかかわる存在であったとしても、その生活・文化は村落のそれとは大きな差異があった。大地を耕し、自然の存在を常に肌に感じながら営む生活と、あえて自然の影響を排除し、人工的な文化を優先しようとする生活とのあいだに相違があるのは当然でもあった。

しかし現在、日本において大地とかかわる農業・漁業などを営む生活、いわゆる第一次産業に従事する人びとの割合は激減している。長い間日本の文化の中核としてそれを培いはぐくんできた生活が変わってきているのである。昭和三十年代から四十年代における、いわゆる高度経済成長によって、日本の経済構造が変化しただけではなく、生活構造も変化した。それは生活・文化の面において、都市の果たす役割が圧倒的に大きくなったということでもある。現在の生活文化や伝承文化を対象として、日本の文化を考えようとする日本民俗学が、都市に関心を寄せるのは当然の成り行きであった。しかも、かつて都市的なものにそれほどの関心を寄せていなかったがために、調査・研究の蓄積がそれほど多くはなかった。新たな研究対象として、あるいは新しい研究方法に対する関心として、都市にも熱い眼差しを注ぐことになった。

都市の概念

都市は多様な側面をもっている。一口に「都市」といってもその何を指しているのか明確でない場合がある。「都市」と呼ばれる、あるいは認識されるものを対象とするときには、いったいその何を取り上げようとするのかを明確にしなくてはならない。そうして共通の認識に基づいて物を考えることが必要になる。

空間・時間・文化

「都市」はまず空間としての側面をもっている。普通「マチに行く」というとき、そのマチは都市的な空間を指している。商店が軒を連ね、高いビルがそびえ、盛り場には人びとが満ち溢《あふ》れている。そうした場所、あるいは地域を考えるのである。こうした認識は都市的空間としてではない空間の存在を前提としているといってもよい。ある程度地理的に把握できる存在である。

しかし、こうした地理的存在としての都市には、空間的なものだけではない性格がある。それは都市には進んだ文化や生活があるとする考えと対応する。新しい生活様式が採用されるのはまず都市であり、外来の文化もまず都市に伝来摂取され、そこを拠点として伝達されてゆく。あるいは個性的・創造的な文化もまず都市において作りだされる。高い価値を追求して作りだされた文化は都市にこそまず存在する。そうした意味で都市はより時間的に先んじた存在でもあるということができる。つまり都市は時間的概念と結びつく存在でもある。

それは必然的に文化的存在としての側面を主張することになる。「都市」という表現によって、都市において特徴的に見られる生活様式や文化を指すのである。いわゆる都市的生活様式の存在である。第二次・第三次産業の増加がその生活・文化の変化をきたすことは当然のことである。そして機能分化や選択肢の増大・情報の増大などをきたすことになる。それに基づく生活・文化のありかたが「都市」として把握・認識されることになる。そうした意味において都市は文化的存在なのである。

都市と村落文化との関係

都市の存在は近隣、あるいは生活形態の異なる村落の生活や文化に大きな影響を及ぼすことになる。いうまでもなく都市は、それだけで完結するものではない。かつて都市住人は村落にその本貫をもっていることが多かった。青雲の志を抱いて都市に遊ぶ若者もあった。あるいは季節的に都市に仕事を求めて集まる農民もいた。一旗揚げるべく都市を目指す人もいた。なによりも都市の活気と繁栄はその後背地としての農村の存在にあった。物資や労力の提供に農村の存在は欠くことのできないものであった。故郷に錦を飾ることのできるのはほんの一部の人であり、大多数は志を果たすことなく都市の片隅においてその生を終えるか、都市のなかに埋没するか、あるいは本貫の地である村に帰るかであった。しかし彼らは村落の文化を体現したまま都市に生活し、また、都市の文化を体験したうえで村に帰るのである。

生活形態の相違する都市と村落との生活・文化が同じであるはずはない。しかしそれは共通の部分をもち、常に交流していたという側面をもつ。そこには一方的に影響を与えつづけるという関係を見いだすことはできない。都市には都市の、村落には村落の生活・文化があり、それが相互に影響を与えつづけるのである。とりわけ各地に点在する地域的都市においては、そうした存在は無視できない。

しかし、江戸、東京。とりわけ東京の生活文化の存在が大きいことは否定することはできない。明治以降、東京は各地の村人たちを迎え入れるとともに、日本の近代文化のショーウインドーとしての役割を果たした。また西洋文化の取り入れ口でもあったがために、そうした新しい生活文化のモデル的なものが存在するところでもあった。そうしたなかで都市生活者は都市の文化についての優越性を信じ、都市最優先と、過剰なまでの中央意識を抱く場合もでてくることになったのである。

都市文化と基層文化

都市文化が都市空間に見られる文化であるか、都市的生活様式によって培われた文化であるかはともかくとして、都市における居住者の生活があまりにも不安定であるため、そこには民俗学が対象とすべき民俗文化・伝承文化は存在しないと考えられたこともあった。つまり、村落文化を対象とし、それによって明らかにされた文化こそが日本の基層文化であると考えることが多かったのである。

しかし基層文化というものが、民族の文化のもっとも基層に存在し、あらゆる生活・文化のあり方を、ある意味で規制するものであるとしたら、当然それは都市文化ともかかわるはずのものである。

基層文化という文化は、表層文化と対《つい》にして考えられる文化であるが、それは文化事象としてだけ考えられるものではない。たしかに、近代初期において、村落の生活・文化と、都市の生活・文化とが、ある意味において大きく異なっていたときには、都市の文化は表層文化であり、村落の文化は基層文化であると区別して考えることもできたであろう。それは実態ある文化事象として理解できる性格をもっている。しかし、都市の文化と村落の文化とが密接にかかわっていたとすれば、日本文化の全体にわたって共通する文化のあり方というものを考えることができないであろうか。都市であるから、村落であるからという生活形態の相違を越えて、それに共通する文化の存在があるなら、それこそが現在における基層文化の存在である。これは実態ある文化事象ではない。分析することによって見いだされる文化のあり方である。したがって村落の文化と都市の文化の双方の基層に存在するものである。

垣間見の伝承

分析することによって、文化の基層に存在する文化を発見することができると考えられるとすれば、それはどのようなものなのであろうか。そうしたものの一例として垣間見《かいまみ》とか覗《のぞ》くとかといわれる行為について考えてみよう。垣間見という行為は長い伝承をもっている。『古事記』における産屋《うぶや》を覗く行為はいうまでもなく、『源氏物語』における後の紫の上を光源氏が発見するのも、柏木が女三の宮に心を奪われるのも垣間見によってであった。木下順二の「夕鶴」において与ひょうがつうの鶴の姿を見いだしたのもそうであった。あるいは山奥で一軒家に宿を借りた小僧が、夜中に出刃包丁を研《と》ぐ山姥《やまんば》の姿を見いだしたのも、飯を食わぬはずの妻が、大きな釜に炊いた飯を髪の毛で隠していた頭の上の口で食うのを発見したのも垣間見の結果であった。

真正面からあからさまに見たときには見えなかったものが、間に遮蔽物《しゃへいぶつ》を置き、それを通して見ることによって、異なった姿として出現すると考えるのはこうして時代を超え、場所に限定されることなくさまざまな場面で確認することができる。われわれの目に触れない姿があって、そうした姿こそ本来のものであり、われわれは仮の姿しか見ていないのではないか。何とかしてそうした本性を見たい、あるいは知りたいとする考え方、感覚は時空を越えた欲求かもしれない。ただその際すべてを白日のもとにさらすのではなく、遮蔽物越しに見ようとするのは一つの特徴ある見方であり、文化の連続性を背景としてとらえることのできるものであろう。

こうしたものの見方の背後には、此界《しかい》と異界という異なる空間の存在を認めようとする考え方が存在していよう。その異なる世界は普段は見えないが、時にその境界が裂け、異なる世界の姿が見えることがあり、あるいはその世界と交流することもできる。それは神聖な機会であるが、同様の世界のあり方を人為的に作りだすことによって、異なる世界を覗き、あるいは異なる世界に追いやることもできると考える。顔を両手で覆って泣きじゃくりながらその手の指のあいだから相手の顔色を垣間見るのも、手で作りだした遮蔽物の向こうの世界に追いやった相手の本当の姿を知ろうとするのであろう。また交流を拒否するために見えないバリアを張り、その向こうの世界に相手を追いやろうとするのである。

このような空間認識や、世界観ともいうべきものの存在が、日本の民族文化の基底にあり、時代や社会のあり方によってさまざまな様相が見られることになる。それが都市も村落も問わずに見られるとすれば、双方にかかわる文化のあり方や、枠組みが存在し、それがいわゆる基層文化に相当するものであるということができよう。

民俗都市の概念

「都市」の生活文化の把握

都市の生活文化を対象として、その性格や意味、あるいはその変遷を明らかにしようとするときには、まずその生活文化を把握しなければならない。「都市」がどのようなものと考えるにしても、その研究対象を把握することなくして研究を行うことはできないからである。しかし同時に調査・研究対象としての「都市」も、それなりにあらかじめ一応の概念規定をしておかなくてはならない。そうでなければ把握すべき生活文化が認定できないことになるからである。

「都市」が空間的概念に基づくか、時間的概念に基づくか、文化概念に基づくか、それはそれぞれの研究者の関心や研究内容によって異なる。ただ「都市」という表現をもってその生活文化に迫ることになると、まずは空間的な「都市」を大枠として抑え、そこにおける生活文化の様態に基づきさまざまな「都市」的な存在に迫る必要があると思われる。少なくとも都市空間に見られるあり方をその典型的なものとして、それとの関係においてその生活・文化のありさまを理解しようとしているからである。

そうした都市の生活文化を把握しようとすると、まず一定の地域を設定して、そこにおける生活文化の全体像を対象とすることになる。それはいわば地域民俗学的な視点のもとに行われるものである。そしてこうした方法は村落の民俗文化の把握の仕方と同じものである。それは日本民俗学における民俗誌作成の方法として、十分な実績に基づく方法でもある。しかし、村落の生活はほぼ類似の生産基盤や、風土的条件のもとに営まれるものであり、ある意味では均質的な性格をもっている。そこにみられる生活文化・民俗文化もまたほぼ均質的なものであった。伝承母体としての地域とそこに見られる伝承文化の存在は密接な関係にあった。

そうした視点のもとに都市の生活文化を把握しようとするときにも、たとえば地域的集団としての町内会などに注目した。そしてそうした地域集団が一体になって活動する祭りなどに関心を寄せたのである。しかし、都市的な生活文化を把握するからといって、その対象は祭りのようなものだけではない。華やかな都市の祭礼の背後には、毎日の生活がある。そしてまた生業《なりわい》としての生活もある。それらを含めた生活と、そこに見られる伝承的な文化とを、ともに把握しなければならない。そうすることによってはじめて現在と結びついた都市の生活文化が把握されることになる。

ハレとケ

生活文化には、日々営々として生業に勤《いそ》しむ、ごく当たり前の普段の日の生活にみられる日常的な文化と、そうした単調ともいえる日々のなかに、時折挟み込まれる華やかな祭りなどの、非日常的な文化とがある。こうした二種類の生活のあり方をハレとケという言葉で表わそうとしたのは日本民俗学であった。非日常的なあり方をハレといい、日常的なあり方をケというのである。それは秋祭りとか婚礼とか、あるいは食事とか野良着とかというような、具体的な生活文化事象を指す表現である。それとともに、その事象が生活や文化において、どのような意味をもつかというような、分析的・観念的な概念でもある。そうした意味ではテクニカルタームとしての性格をもった言葉である。

都市の生活文化において、よく目につき印象の強いのはハレのそれである。周辺に展開する近郊農村の人びとが都市を訪れる機会であったり、都市を中核とする地域を挙げて実施したりする祭礼行事などはその代表的なものである。したがって都市の伝承的生活文化として取り上げられたりするのはこのような行事であることが多かった。こうしたハレとしての、非日常的な生活行事は地域と結びついており、村落における伝承的行事のあり方とよく似ている。したがってそれは村の生活と比較することが比較的容易であった。

しかしいうまでもなく、都市において生活する人びとは毎日祭りを行っているわけではない。村落生活と比較すると都市の生活は一面華やかであり、そうした意味では「祭り」的な要素がないわけではない。だがその生活が毎日毎日非日常的なものであるというわけではない。毎日が非日常であるとしたら、それは都市における日常的あり方であるということになるはずである。

毎朝満員電車に揉まれて出勤し、夕闇とともに盛り場に赴き、夜更けまで杯を傾けるのは、サラリーマンにとって特別改まった非日常的な行動とはいえない。大勢の人びとに揉みくちゃになったり、あるいは酒を中心とする宴席の場は、村落的な社会においては特別の機会であり、まさに非日常的な存在であったであろう。それは大地を耕し自然の推移と深くかかわる日常生活がもう片方にあって、それとの関係のうえでとらえられた非日常、つまりハレであった。

生活のあり方がこうしたハレとケという二つのあり方でとらえられるということであれば、都市の生活はハレであるとか、ハレ的な生活が卓越するとかということはいえないはずである。それは村落の生活を基準とし、それとの比較において認識されたものである。都市の生活それ自体を把握することによって、都市におけるハレとケ、つまり都市生活における日常と非日常というもののあり方を見いだすことができるはずである。

しかし、都市の生活それ自体を、民俗文化の存在を考慮しながら把握しようとするとさまざまな問題がある。それは都市の生活に見られる多様なあり方をどのように把握することができるかという問題とかかわる。

多様な生活

それは「都市」をどのようなものと考えるかということとも無関係ではないが、都市生活者の生活が、地域的なもの、つまり「伝承母体」としての地域を単位として把握することが困難なのである。朝家をでて会社などに出掛ける人がいるとともに、家にいて家族の生活に心を配る人がいる。この両者の生活は家のある、いわゆる居住地空間だけにおいてとらえることはできない。そうかといって会社などのいわゆる職域空間において両者の生活をとらえるということもできない。また、職場において展開する生活も、その職業によってかなりの違いがある。流通・金融・製造などという職場によっても異なるし、事務・

営業・総務などという仕事の内容によっても異なるであろう。またその職階によっても生活は異なってくる。

都市における職業は、その機能分化とともにますます細分化・専門化し、多様化している。具体的な生活の実態や、生活文化の把握において、特定の人を設定してその人に語らせることができにくいのである。これは村落における伝承的生活や伝承文化の把握と、大きく異なる点であろう。都市の生活はそうした多様性の上に成り立っている。それゆえ、集団的・類型的に伝達継承されるはずの伝承文化の存在を都市には認めがたい、とするのもこのような状況を踏まえているのである。

しかし、それは従来主たる研究対象であった村落文化のあり方からの見解である。新たな都市の生活・文化を対象とすることによって、異なる伝承文化の存在が見いだされる可能性までも否定されるものではない。しかしそのためには、まずは都市の生活文化を把握するところからはじめなくてはならない。

総体としての生活文化

都市に生活する人びとはいったいどのような生活をしているのか。都市に生活している人びと自身が、「都市」というものを対象として、そこに展開される生活の実態を必ずしも把握しているわけではない。異なる職場の生活や生態はなかなか外からは窺い知れない。だからこそ「密着取材」された「何々の二四時間」などというテレビの番組が企画・放映されるのであろう。そして都会の片隅でひっそりとその人生を閉じた人が発見されるまでに何日かを要することもある。しかもその人が現金で何百万円かを溜めていたとか、かつての華やかな芸能人であったとかという場合もしばしば報道される。

そうした複雑な様相をもち、ある意味では猥雑《わいざつ》な、そして流行という名のもとにつぎつぎと新しいものを作りだし、それを消費しつくす軽佻浮薄《けいちょうふはく》な側面をもっているのが都市の生活であろう。そうした都市の生活を対象として、そこに伝承的な文化を見いだすとともに、その背後に存在するはずの日本の基層文化を発見するためには、まずそこに展開する生活と、生活文化とを把握、理解しなくてはならない。そしてそれは都市の生活の全体像を描きだすことのできるような、総体としての生活文化の把握を目指すものでなければならない。

ハレの行事だけではなく、それを支え、その行事を意義づける日常生活を同時に把握する。そして場や空間を異にしながら生活する人びとの日常生活もまた把握しなければならない。それらがどのようにかかわりあい、都市としての生活を作り上げているのか。少なくとも、村落に住む人びとから見ると、そこにはある独自性をもった都市の生活があるように見える。そうした都市の生活を把握し、同時に都市空間に住む人びとにとっても、自らの生活実感と大きくかけはなれたものではない生活を、そこに描きだす必要がある。そうすることが、都市の伝承文化を確認する基礎的作業でもある。

民俗都市の構想

都市の生活や文化を明らかにするための方法は多い。それはたとえば空間的な側面を重視する地理学や、人間関係にその生活の基本的特徴を見ようとする社会学、あるいは都市的生活様式から都市の生活のあり方を理解しようとする民族学・文化人類学などに見ることができる。同じ「都市」という言葉で表現されるものを対象にしても、把握されるもの、あるいは見いだされる姿はその視点によって異なる。それはどれが正しいとかというものではなく、それぞれの方法から見いだされた都市である。

それでは、民俗学における「都市」とはいったいそこに何を見いだそうとするのか。民俗学における基本的な概念の一つに「伝承」という概念がある。それは文化の連続性を保証するものであり、分析概念としての基層文化の存在につながるものである。都市の生活の複雑さと変化の激しさ、つぎつぎと目新しいものを生み出し、あるいはそれを追いつづけ、より強い刺激を求めつづける都市人の心意。そうした現象だけを見ていると、それは時代の表面を流れ行くものであって、相互に必ずしも共通する文化的要素は目につかない場合が多い。

しかしそうしたものであっても、どのようなものを人びとが求め、何に関心を示すか、あるいはどのような行動を示すかというような点から、その背後に時空を越えて流れる文化の存在を見いだそうとする。あるいはその変化・変遷のあり方によって日本の文化を理解しようとする。それを可能にするものが伝承文化であり、文化の伝承性である。

こうして見いだされた「都市」は伝承的な「都市」であり、実体ある文化事象としては必ずしも見えにくいものかもしれない。しかし、われわれが今現在享受している「都市」的文化もやはり日本の文化の一つであるとしたら、そこには時代を超えて伝承され、伝えられた文化の影響はあるはずである。それを見いだすことは都市における伝承文化の発見であり、日本の基層文化の存在であろう。そうした存在によって再構成された都市はいわば「民俗都市」ということができる存在である。日本人の伝承文化によって作りだされた観念的な「都市」である。ただこの「都市」はわれわれの日常生活の背後に常に存在し、日本の伝承文化を継承している「都市」である。

都市への視線

「都市」をとらえる

村と都市

われわれが生活している場である生活空間として、まず考えられるのは「都市」であり、もう一つは「村」である。「都市」は人口密度が高く、多くの人びとが商店の華やかなショーウインドーを眺めたり、夜遅くまで盛り場に人気が絶えることのない場所である。高いビルがそびえ、経済活動だけではなく政治や文化の中心地であるところとしてもイメージされている。

それに対して「村」は、緑に覆われた山を背景に、草葺屋根の農家が田畑の向こうに望まれる。そこでは大地と自然とにはぐくまれたゆったり流れる時間とともに、農耕作業に勤《いそ》しむ人びとがいる。だがそれとともに「村」は時代の動きに一歩遅れた生活を送っているとも考えられる。
　そうしたイメージがどこまで真実を写しているかということはさておいて、このような二つの生活空間があることは、われわれ大多数のものの抱く認識であろう。かつて、吉幾三は「俺《お》ら東京さ行ぐだ」（詞　吉幾三、昭和五十九年）で両者をかなり戯画化して歌った。

テレビも無ェ　ラジオも無ェ
自動車《クルマ》もそれほど走って無ェ
ピアノも無ェ　バーも無ェ
巡査《おまわり》毎日ぐーるぐる
朝起ぎで牛連れで　二時間ちょっとの散歩道
電話も無ェ　ガスも無ェ
バスは一日一度来る
俺《お》らこんな村いやだ　俺らこんな村いやだ
東京へ出るだ　東京へ出だなら
銭コァ貯《た》めで　東京で牛（ベコ）飼うだ

何もないところとして村を歌い、また、あり余るものを持ち、豊かな生活を営むことのできる、若者たちの憧れの場所として都市を歌う。しかしそうした都市に行っても、村の生活習慣や価値観から逃れられない田舎者の姿を歌う。そこには大正時代に流行した「洒《しゃ》落《れ》男」の悲しみに通じるものが見られる。

このような二つの生活空間は、それぞれがまったく別々に孤立しているものではなく、人的にも、経済的にも、文化的にも常に交流していることを指摘したのは柳田国男であった。そしてそれだけではなく、都市を憧れの場とし、そのような都市をもつことを誇りとし、都市をはぐくみ育ててきたのは村の人びとであったと理解したのである。したがって、村と都市とのあいだにはそれを阻む城壁のような物理的な障害はない。そして、住人同士の交流も常に行われていた。

都鄙連続体

近世以来農民は都市に奉公人として働きに出掛けたり、出稼ぎにいったりした。それのみならず、都市の人びともまたその出自を尋ねると多くは農民などであった。一旗揚げるために都市に出、錦を飾って村に帰る。あるいは、村を追われて都市に身を隠し、都市の生活に疲れて、生まれ故郷の村で心身を癒す。そうした人びととの交流があった。

このような村との関係が常に存在する都市のあり方を、都鄙《とひ》連続体と呼ぶことがある。

こうした理解に基づき、都市を理解するのにはまずその基礎的存在である村を理解する必要がある。そして村を理解すれば都市も理解できるとも考えられた。都市は日本全体からすれば、ほんのわずかな、特別な生活形態の存在する所である。そこで生活する人びとは定住性が乏しく、生活なども安定せず、都市における世代を越えて伝承する民間伝承はなかなか成立しがたいと考えられてもいた。都市に見られる生活文化は、村落の生活文化の一変形であるとする認識であったということができるであろう。

しかし、都市に出ていった人びとがしだいに村に帰る手だてを失い、都市に定着することが多くなる。また、都市が社会的・文化的に及ぼす影響が大きくなる。そうした実態を踏まえて、都市の生活文化そのものに対する関心が強くなる。日本の民俗文化を理解しようとするときにも、都市の生活文化、あるいは伝承文化の存在を無視することができなくなったのである。そこで、村落の生活文化・伝承文化と比較するために、まず都市の生活文化・伝承文化そのものを把握する必要が生まれてくる。そうした要求に応じようとする時に、都市と村落とを連続するものとして把握するよりは、いったん異なった存在として把握することも必要になる。そうした観点から、いわゆる都鄙区画論的な考え方も必要になろう。

ムラとマチ

伝承文化を研究するための概念にはさまざまなものがある。村落を日本民俗学が対象として築き上げた成果の一つに、「伝承母体」という考え方がある。民俗学は、伝承という文化のあり方に深くかかわる研究方法を基礎にして体系化されている。文化が伝承されるということは、一人だけの存在では考えられないことで、そこには少なくとも伝達する集団と継承する集団とが存在するはずである。たとえば祭りにおける祭り囃子を教える——伝達する——人びとがおり、それを教わり自らがそれを行うことができるようになる——継承する——人びとがいる。そのようにして文化は伝承されるのである。

そうした集団を桜田勝徳は民俗継承体といい、福田アジオはこの民俗継承体としての集団の累積体を伝承母体というのである。たとえば、祭り囃子を伝達継承する集団や、農業用水の確保にかかわる用水路の整備をする集団などが、ほぼ同じような地域において累積して、一つの地域社会を結成しているのである。この伝承母体はいわゆる自然村的な単位の村であることが多いためにムラと呼んでいる。行政村としての「村」と区別するために「ムラ」と表記するのである。したがってこのムラは、景観的な村落とも異なっている。

都市の伝承文化の存在を仮定するならば、やはりそこには伝達継承の機能を果たしている集団の存在を仮定しなければならない。ムラにならえばこれをマチということができるであろう。しかし、ムラとマチとではその性格は同じではない。村落における生活文化は、基本的に第一次産業に基づくものであるため、伝承母体は一定の地域を単位にして考えられる。それに対して都市では、その生活に応じて多様な地域などとかかわっている。地域的概念とかかわらせてその生活を把握することは困難なのである。

伝承体と伝承素

都市における民俗継承体としての集団を考えることができるとすれば、それは地域にかかわるというより、むしろそれぞれがかかわる機能的な集団といってよいであろう。地域・家庭・職場・文化的な任意集団などとのかかわりのほうが強いからである。そうした集団においては、その個人の全人格あるいは個人が総体としてかかわるとは限らない。その集団において果たすべき側面が強調される。

たとえば、会社において有能な課長であっても、家庭において有能な父であるとはいえない場合がある。当然逆の場合もあるわけで、それは、それぞれの集団が異なるものであって、それにかかわる個人がその集団において期待される機能や役割が異なるからである。例えば会社における営業成績を上げる機能と役割にかかわるのが課長であり、家庭という家族集団において、子供に社会生活や人間としてあるべき姿を伝えるのが父親である。この両者には必ずしも共通ではない、ことによると相反するような内容をも含む場合がある。そうした点からすれば、それはある意味で、明確に分けなくてはならないものともされるものである。

そうした相違からあえてマチを、「伝承体」と呼び、そこで伝達・継承の機能を果たす存在を「伝承素」といっておきたい。課長としての側面、父親としての側面など、その集団に所属する人びとの、集団にかかわる側面だけに注目するのである。それは、一個の人間としての全体像ではなく、その一部分だけである。ムラにおける個人は、その伝承母体において、常に完結した村人として生活している。こうしたことを考えると、マチとムラとにおける人びとのありかたにはかなり大きな差があるということができよう。

村の風景

都市には村と異なる生活・文化があるということは、多くの人びとが知っている。村から都市に出てきた人にとっては、村の生活は自らが体験してきたものであり、その文化は自らを作り上げているものである。そうした体験をもたない人にとっては、さまざまな情報によって村というものを自らのなかに再構成する。それは、都市に住む都市生活者の視線によってとらえられた、村の生活であるということができよう。

たとえば子供の生活を次のように歌う。

おやまの
おやまの
こどもたち
　きのはの　きもの
　きてました

はまべの
はまべの
こどもたち
　さかなの　あぶら
　ともします

みやこの
みやこの
こどもたち
　いちにち　えほんを
　みてました

（「こども」詞　平木二六〈『童謡』8〉大正十四年）

山の子供たちは木の葉の着物を着ており、都市の子供たちは本を読んでいるという様は、詩的表現であるとしても、そこに描きだされた情景は、都市生活者の視線が作りだしたもの以外のなにものでもあるまい。

もちろん村の生活をかなり忠実に歌うものもあった。

一　道をはさんで畠一面に
　　麦はほが出る菜は花盛り
　眠る蝶々とび立つひばり
　　吹くや春風たもとも軽く
　あちらこちらに桑つむおとめ
　　日まし日ましにはるごも太《ふと》る

二　ならぶすげがさ涼しいこえで
　　歌《うた》いながらにうえ行くさなえ
　ながい夏の日いつしか暮れて
　　うえる手先に月かげ動く
　かえる道々あと見かえれば
　　葉末葉末に夜つゆが光る

三　二百十日も事なくすんで
　　村の祭のたいこがひびく
　稲は実がいる日よりはつづく
　　刈ってひろげて日にかわかして
　米にこなして俵につめて
　　家内そろって笑顔に笑顔

四　松に火をたくいろりのそばで
　　夜はよもやま話がはずむ
　母がてぎわの大《だい》こんなます
　　これがいなかの年《とし》こしざかな
　たなのもちひくねずみの音も
　　ふけてのきばに雪降り積もる

――（「いなかの四季」詞　堀沢周安、文部省唱歌、明治四十三年）

村の四季の展開がかなり要領よく歌われている。しかしそれでもなお都市的なものに対する「いなか」という村の生活が相対化されている。これは都市の四季の展開との相違を明確にするものでもある。

春はうれしや　ふたり揃うて花見の酒
庭の桜に朧《おぼろ》月　それを邪魔する雨風が
　ちょいと散らしてまた咲かす

夏はうれしや　ふたり揃うて鳴海の浴衣
団扇《うちわ》片手に橋の上　雲がすいして月隠す
　ちょいと浮名が流れゆく

秋はうれしや　ふたり並んで月見の窓
色々はなしを菊の花　しかとわからぬぬしの胸

ちょいとわたしが気を紅葉
冬は嬉しや　ふたりころんで雪見の酒
苦労知らずの銀世界　話もつもれば雪も積む
ちょいと解けます炬燵《こたつ》中

（「四季の歌」詞・曲 不知山人、明治二十八年）

ここには生産にかかわる姿はまったく歌われていない。四季の風物と男女の恋模様を歌うだけである。文部省唱歌と歌の性格が異なるから当然のことではあるが、そこに都市の生活とは異なる村の世界があることを明確に示している。文化としての村はこうして都市生活者の視線によって、都市に持ち込まれてくるのである。仮にそれが、村の内なる視線によってとらえられたかのような表現であったとしてもである。

都市の風景　都市の姿も都市の内なる視線によって把握されるのみでなく、外の視線によって映し取られた。少なくとも外に視線が設定された。はじめて上京した若者が見た東京の姿を夏目漱石は次のように描いた。

三四郎が東京で驚いたものは沢山ある。第一電車のちんちん鳴るので驚いた。それからそのちんちん鳴る間に、非常に多くの人間が乗ったり降りたりするので驚いた。次に丸の内で驚いた。尤《もっと》も驚いたのは、どこまで行っても東京がなくならないという事であった。しかもどこをどう歩いても、材木が放り出してある、石が積んである、新しい家が往来から二、三間引き込んでいる、古い蔵が半分取崩されて心細く前の方に残っている。凡《すべ》ての物が破壊されつつあるように見える。そうして凡ての物がまた同時に建設されつつあるように見える。大変な動き方である。

三四郎は全く驚いた。要するに普通の田舎者が始めて都の真ん中に立って驚くと同じ程度に、また同じ性質において大いに驚いてしまった。

（夏目漱石『三四郎』明治四十一年）

まさに村との対比のうえで、村の生活者としての視線をもった人の目を通して見た都市の姿であろう。たしかにそれは農民の目ということはできないかもしれない。だが「田舎者」が見た都市ではあった。

ただこうした都市の姿を三四郎に語らせたのは、都市生活者としての漱石であった。漱石が見いだした都市の姿を「田舎者」が見た都市の姿として語らせたのである。その意味ではこれは都市の内なる目によってとらえた都市の姿である。

都市を把握する視線はこうして、都市生活者が村を見る視線の背後にあるとともに、村の生活者が外から都市を把握する視線、そして都市生活者がその内側から都市を把握する視線の、三方向からの視線があるということになる。それぞれによってとらえられた都市の姿は、その視線のもつ人をはぐくんできた生活文化の内容によって異なる。どこに関心を寄せるかということによって、そこに現れる都市の姿は異なるのである。

都市の性格

村から見た都市

都市に注がれるさまざまな視線によってとらえられた都市の姿とはどのようなものなのであろうか。村に生活する人びとからすれば、そこはまったく異なった生活の場である。かつて、町の祭礼のときや恵比寿講《えびすこう》などの、町においても祝われるべき非日常的な機会でなければ、なかなか訪れる機会のなかった場でもあった。秋の収穫に追われ、家族総出で野良に出て暗くなるまで働いているとき、遠くの町の明かりを見ながら「これが終わったら、町に連れていってやるから頑張れよ」などといって子供を励ます言葉の裏には、町に行くことを心待ちにする親たちの気持ちも籠められていた。

そうしたハレの機会にしか訪れることのなかった町は、おのずから華やかな場として印象づけられることになる。それだけではなく、そこは辛《つら》い、あるいは単調な日常生活の流れのなかに出現するまったく異なった世界としてもとらえられた。ある意味では村の生活者にとって町――都市は幻想的な世界でもあった。村にはないものが存在する世界であったのである。

そのような都市のあり方は子供の世界においてもうたわれた。

　エレベータアだった、
姉《ねえ》さんと街《まち》で見たのは。

デパートメントだった、
そっとのぞいて通《とお》ったのは。

ライスカレーだった、
四階《よんかい》で食《た》べたのは。

　菜《な》ッパ服《ふく》だった、
工場《こうば》であった兄《にい》さんは。

輪転機《りんてんき》だった、
兄さんの後《うしろ》で動いていたのは。

（「東京」詞　藤井樹郎〈『チチノキ』3〉昭和五年）

都市・東京で見たものは、エレベータア、デパートメント、ライスカレーという村においては目にすることのできないものであり、そこで働くということは、大地を耕すことではなく、機械を操ることであり、野良着とは異なる労働着を身にまとう生活であった。いわゆる文化的な生活と、村とは異なる労働形態なのである。そうした世界を覗《のぞ》き見た子供の姿と感動は、閉じた東京という空間のなかにおいてとらえられたものである。

都市の侵入

しかし、そうした都市の空間も閉じた空間として、いつまでも固定されたままではいられなかった。

町の　なかから
せんろを　だして
ここまで　でんしゃが
のびました。

のぎくが　いっぱい
さいて　いて
ここの　おりばは
うつくしい。

ほら　ほら
あかい　でんしゃです
ちん　ちん　ちん　ちん
やって　きた

（「でんしゃ」詞 佐藤義美〈『コドモノクニ』〉昭和三年）

野菊が美しく咲き乱れる村の空間のなかに、都市と村とを結びつける手段としての電車が入ってくるのである。それは都市空間の進入の最初の段階であった。便利な乗物として、美しく装った電車は、村の人びとのイメージそのままに憧れの都市の空気を運んでくる。その都市には時代の先端を象徴する華やかな生活があり、そうした生活文化を背負った人びとが暮らしている。それはまったくの他人ではなく、さまざまな縁につながる人びとであった。

町《まち》のおばさん　来る日《ひ》には
僕が迎《むか》えに　出《で》てようや。

駅へ着《つ》いたら　お荷物《にもつ》は
僕がかついで　あげようや。

蕗《ふき》の子出《こで》たら　おばさんの
袂《たもと》にそうっと　入《い》れようや。

村に新道《しんどう》　出来《でき》たこと
お屋根《やね》の鳩《はと》が　逃げたこと
みんなはなして　あげようや。

弟《おとうと》が七つになったこと
とても強くて　びちゃびちゃと
田螺拾《たにしひろ》いを　してること。

町《まち》のおばさん　好《す》きだから

草餅《くさもち》こさえて　あげようや。

（「町のおばさん」詞　高麗弥助〈『コドモノクニ』〉昭和六年）

電車に乗ってやってくる町のおばさん、それを迎える村の子供。町が触手を延ばして村をからめ捕ろうとするとき、村ではそれを歓迎するのである。

柳田国男は、町こそは村の人びとが自ら誇るべきところとして、力を合わせて作り上げたところであり、従兄弟《いとこ》同士であるといった。だからこそ、町が周辺に拡大することを歓迎したのである。華やかな夢と、豊かな生活とをもたらしてくれることを疑わなかった。町からやって来るおばさんはそういう意味では「まれびと」であり、貴種としての一面を見ることができるのかもしれない。だから、町のおばさんを迎える日は心待ちにするような改まった日なのである。

都市の日常化

しかしいったん町と村とを結ぶ手段が生まれると、両者の交流は日に日に頻繁になる。町と村との交流は日常的なものとなるのである。それは町が村をより以上に必要としていたからである。村に侵入した町——都市は、村の人びとを「都市」に引き寄せていった。そうした人びとの動きとともに、「都市」の存在は特別のものではなく、村のなかに日常化していった。

グッド・バイ　グッド・バイ
グッド・バイバイ
とうさん　おでかけ
手を　あげて
電車《でんしゃ》に　乗《の》ったら
グッド・バイバイ

グッド・バイ　グッド・バイ
グッド・バイバイ
はらっぱで　あそんだ
友だちも
お昼《ひる》に　なったら
グッド・バイバイ

グッド・バイ　グッド・バイ

グッド・バイバイ
三匹《ひき》　うまれた
犬《いぬ》の子《こ》も
よそへ　あげたら
グッド・バイバイ

グッド・バイ　グッド・バイ
グッド・バイバイ
町《まち》から　いらした
小母《おば》さんも
ご用が　すんだら
グッド・バイバイ

グッド・バイ　グッド・バイ
グッド・バイバイ

赤い　夕《ゆう》やけ
お日《ひ》さんも
しずんで　いったら
グッド・バイバイ

（「グッド・バイ」詞　佐藤義美〈『コドモノクニ』〉昭和九年）

父さんは家族を残したまま毎朝町に働きに行く。そして「都市」の生活を背負っている町の小母さんも、町に帰ってゆくのである。こうして村は町に組み入れられてゆく。それは村に対する町の優位を示すものでもあった。あるいは特定の空間としてあった都市の空間が、その幻想的性格を武器として、無限定的に全国に拡散してゆく姿でもあった。にもかかわらず、やはり「都市」は村とは異なる空間的存在であり、そこに行くときには「グッド・バイバイ」と送られるのである。

都市への期待　都市に取り込まれていった村の人びとがそこに見たのはどのような世界であったろうか。村とは異なる「便利な、華やかな、活力に満ちた、時代の先端を行く生活」に、直ちに溶け込み、それぞれの「幻想」を現実のものとしていったであろうか。

一　夢ば見ていた　ハア東京さ来たが
来てみりゃ　東京も　辛《つ》れえどや
故郷《くに》へ帰《けえ》ろか　辛抱すべか
話す相手も　お月さま
　見れば　俺《おい》らの影ン法師《ぼし》
一人ぼっちで　泣いている

二　風が身にしむ　ハア心が泣ける
それでも誰もが　稼いでる
飽かずやんなよ　負けるでねえと
さとし顔する　お月さま
　見れば　俺らの影ン法師
一人こっくり　うなずいた

三　辛抱できねで　ハア　すごすご帰りゃ
鴉もお花も　嗤《わら》うべや
花の咲くのも　一年一度
辛抱しますべ　お月さま
　見れば　俺らの影ン法師
力《りき》んで腕《うで》ッこ　振りあげた

（「夢ば見ていた東京さ来たが」詞　山口義孝、曲　大村彰、昭和三十四年）

そこには厳しい現実があった。村で抱いていた「幻想」が文字通り幻想であったことを知るのに長い時間はかからなかった。しかし、幻想に魅せられて村を出て来た人にとって、それが幻であったことを知ったからといって、そのまま村に帰ることができるとは限らなかった。恋人や鴉《からす》に嗤われることも辛かったであろうが、なによりも自らの能力や才能の限界を認めることが辛かったのである。辛抱して花の咲くのを待つよりしかたがなかった。そして、都市にはそのような機会がしばしばあったのである。だが、それを期待しながらも耐えられないこともあった。

一　月がわびしい　路地裏の
　　屋台の酒の　ほろ苦さ
　　知らぬ同士が
　　小皿叩いて　チャンチキおけさ
　　おけさ切なや　やるせなや

二　一人残した　あのむすめ
　　達者でいてか　おふくろは
　　すまぬすまぬと
　　詫びて今夜も　チャンチキおけさ
　　おけさおけさで　身をせめる

三　故郷《くに》を出る時　持って来た
　　大きな夢を　さかずきに
　　そっと浮かべて
　　もらすため息　チャンチキおけさ
　　おけさ涙で　くもる月

（「チャンチキおけさ」詞　門井八郎、曲　長津義司、昭和三十二年）

月がわびしいのはいうまでもなく自分がわびしいのである。都市の生活に期待したのは一人だけではない。大きな夢を抱いて村を出てきながら、その夢をいまだ果たしえない者同士が、ほろ苦い酒を飲みつつ、小皿を叩いて故郷を忍ぶのである。そこには村と異なる生活があり、しかもそれは幻想に酔うことの許されない都市であった。

都市に生きる

再び戻ることのできない村であり、都市でしか生きることができないならば、都市に生きがいを見いださなければならない。それは都市に夢を託した村人のせめてもの意地であった。たとえ都市の生活に潤いが認められなくても、何かに賭けるより他に、方法がなかったのでもある。

　空が哭《な》いてる　煤《すす》け汚されて
ひとはやさしさを　どこに棄ててきたの
だけど私は好きよ　この都会《まち》が
肩を寄せあえるあなた…あなたがいる
あなたの傍で　あゝ暮らせるならば
つらくはないわ　この東京砂漠
あなたがいれば　あゝうつむかないで

　歩いて行ける　この東京砂漠
ビルの谷間の　川は流れない
人の波だけが　黒く流れて行く
あなた…あなたに　めぐり逢うまでは
そうよこの都会《まち》を　逃げていきたかった
あなたの愛に　あゝつかまりながら

しあわせなのよ　この東京砂漠
＊あなたがいれば　あゝあなたがいれば
陽《ひ》はまた昇る　この東京砂漠
＊くりかえし
（「東京砂漠」詞 吉田旺、曲 内山田洋、昭和五十一年）

夢を追い求めて都市にやって来る若者たちは、その若さゆえに情熱を愛に、恋に託すことができる。そうした若者たちにとって都市は、恋の渦巻くところとしてとらえられる一面をもっていた。そうした意味で都市は若者の空間でもある。

都市の優越

若者たちは都市の内部に生み出されたそれぞれの空間に沿って、それぞれの恋をする。それはある意味では都市の賛歌であり、華やかな都市を印象づけるものであった。その多様さと、流動性こそ都市の活力でもあった。そしてそこには村と切れた、生まれながらの都市人も生まれてくる。

一　山口さんちのツトム君
このごろ少し変よ　どうしたのかナ
広場で遊ぼうって言っても
絵本を見せるって言っても
いつも答えは同じ

「あとで」つまんないナ

二

山口さんちのツトム君
このごろ少し変よ　どうしたのかナ
大事にしていた三輪車
お庭で雨にぬれていた
けさは元気になったかナ
「おはよう」返事がない

三

山口さんちのツトム君
田舎へ行ってたママが　帰ってきたら
たちまち元気になっちゃって
田舎のおみやげ持ってきた
つんだばかりのイチゴ
チョッピリすっぱいね

（「山口さんちのツトム君」　詞・曲　みなみらんぼう、昭和五十一年）

ツトム君にとっては、「田舎」――村はもう帰るところではない。ママこそまだ村とかかわり、たまには訪れ、そこの生活や文化――イチゴに象徴される――を都市に運んでくる。しかし、ツトム君と、たぶんその友達にとっては、村はむしろ自分たちの生活において、何も意味をもたない、ことによるとない方が良いところなのかもしれない。ママはいなくなるし、遊び相手もなくなってしまう。しかもみやげのイチゴはすっぱいのである。村によって支えられていた都市は、村を排除しはじめてしまったのである。

〔引用文献〕『日本童謡集』与田準一編、岩波文庫、一九九五年。
『日本唱歌集』堀内敬三・井上武士編、岩波文庫、一九九五年。
『日本流行歌史』戦前編・戦後編、古茂田信男・島田芳文・矢沢保・横沢千秋編、社会思想社、一九八一・八〇年。

都市の空間

都市の位置

空間としての都市

「都市」という存在は、単なる空間を意味するだけではなく、さまざまな内容とかかわっている。しかし、そうしたものもまずは空間的な存在とかかわるものであるはずである。「都市」という空間に典型的に見られるものによって、それを「都市」と表現しようとするからである。それならばその空間としての「都市」はどのようなところに存在すると考えられるのであろうか。

都市を村落に相対する存在であると理解することは、われわれがごく普通に、常識的に行うところである。民俗学においてもこうした理解は都市をその視点に入れたときから存在していたことは、柳田国男の業績によっても明らかである（柳田国男『都市と農村』朝日新聞社、昭和四年)。しかしここにおいては、性格の相異なる二つの空間を設定し、その歴史的関係と、そこに生活する人びとの意識とを主たる問題にしているのである。その日本の民俗文化における位置づけや、地域社会における都市の位置づけなどについては、必ずしも十分に論じられているわけではない。たしかに、両者の関係を明らかにすることが、民俗文化における都市を位置づけることになるということであったのかもしれない。しかし、それであってもやはり空間的位置づけについて、十分に説かれていたとはいえない。いったい、都市を空間的に位置づけると、どのようになるのであろうか。

坪井曼陀羅

都市を日本人の民俗的世界のなかに位置づけようと試みたのは、坪井洋文であった(「民俗研究の現状と課題」『国立歴史民俗博物館研究報告』第一集、一九八二年)。坪井は日本人の民俗的世界概念図を描こうとした(図1)。これは坪井の世界観を示すものであるため、「坪井曼陀羅」などと戯称されることがある。まず、民俗的世界は生活しているこの世界を顕界とし、それと対立する、あの世とも称すべき世界を、目に見えない観念的世界である幽界とした。そしてその二つの世界は境界的な領域を挟んで存在すると考えた。

顕界においては四つの主要な世界が存在する。まずタノカミをその世界の観念的中核と

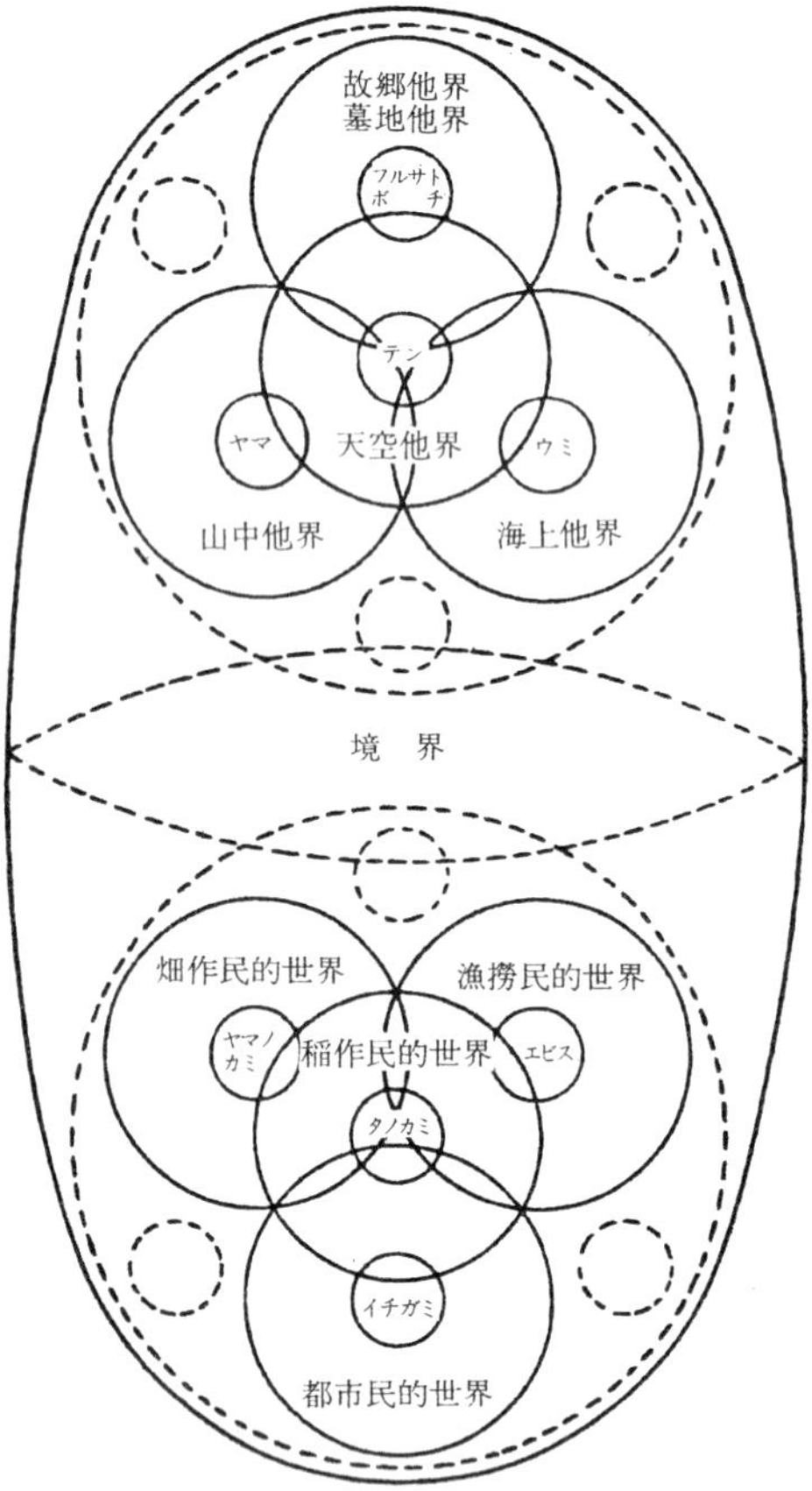

図1　坪井洋文の「日本人の民俗的世界概念図」

する稲作民的世界である。水田稲作耕作を行う農民の世界であって、日本の民俗文化においてはもっとも重要な位置を占めるものである。こうした世界とそれぞれかかわる存在として、ヤマノカミを中核とする畑作民的世界、エビスを中核とする漁撈民的世界、そして、イチガミを中核とする都市民的世界である。この都市民的世界は各地から集まる人びとによって成立する社会であり、イチガミも市日に祭られる神という機能的なものではなく、時にイチガミと呼んでおくだけであって、その具体的内容は多様な存在である。

こうした顕界に対する幽界においてもまた四つの世界が存在する。稲作民的世界に対するものとして、テンと呼ばれるところとしての天空他界、畑作民的世界に対するものとして、ヤマと呼ばれるところとしての山中他界、漁撈民的世界に対するものとして、ウミと呼ばれるところとしての海上他界、そして都市民的世界に対するものとして、フルサト・ボチと呼ばれるところとしての故郷他界・墓地他界である。

こうした世界観は、生産基盤に基づく農村・山村・漁村に対応する三つの世界と、それらと並ぶ都市の存在を考慮することによって構想された世界である。都市以外の世界については、日本民俗学において蓄積された研究成果があり、十分にイメージされる世界である。しかし、都市民的世界については、その幽界との関係においてまだ仮説の段階を出ない。それが故郷他界・墓地他界を背景として成立するとしても、他の天空他界・山中他界・海上他界と同じレベルにおいて位置づけることができるものかはさらに検討されなければならない。

日本人の民俗的世界をこのような形において構想し、都市を含むそれぞれの生活世界を位置づけたことは、われわれの民俗文化を考えるうえで重要な手がかりとなる。しかし、これは日本人の民俗的世界であって、具体的な地域や空間との対応について述べられたものではない。坪井曼陀羅は、坪井の世界観に基づいた民俗的世界像であり、興味深いものではあるが、都市そのものについては、さらにより具体的なものを考慮に入れながら考える必要がある。

小盆地宇宙

具体的な地域を対象として都市を位置づけたものに、米山俊直の小盆地宇宙の概念がある（米山俊直『小盆地宇宙と日本文化』岩波書店、一九八九年）。日本全国に点在する盆地のそれぞれが、一つの生活世界としての役割を果たしていることを指摘するとともに、そこには類型的な構造が存在することをも指摘する。

「小盆地宇宙」は典型的には、盆地の中心に領主の居城と、その城下町があり、そこにひと、もの、情報の交流がある。その町場の周囲には水田を主とする農地がひろがっている。そしてその外周には、丘陵がとりかこみ、そこには桑畑や果樹園がひろがっている。……小盆地宇宙というと盆地底だけを考えやすいが、私はこの周囲の山岳部までを含めてひとつの統合体と考えている。したがってこの宇宙には、町場の市場、流通機能に代表される商工業者、農村部の農民、山岳部の狩猟採集の伝統を含んでいるのである。いわば、弥生以降の農耕社会の伝統に加えて、縄文以来の狩猟採集社会の伝統も継承している宇宙である、といってよい。(二五四ページ)

町は小盆地宇宙の中心にあって、城下町としての伝統を背景に、政治・文化・経済の中心としての存在である。中世・近世において成立したこの町は、縄文・弥生以来の文化的伝統をも継承する宇宙の中心的な役割を担っている。盆地という地形的な存在に基づく宇宙であることもあって、現状においてはこの宇宙の中心は町に存在する。

こうした一つの世界の構造は、坪井の描いた世界とその中心的な役割を果たす場において相違する。つまり、坪井はその世界の中心に農村を置いた。しかし、米山は都市を中心とする世界をそこに描きだすのである。また、この小盆地宇宙はあくまでも現実の生活世界として存在するものであって、坪井の世界観でいう顕界における世界を対象としたものである。そうした意味で二つの世界のあり方はより抽象的なものと、より具体的なものということもできる。そして同時にこうした世界のあり方は、日本民俗学の視線を端的に示すものともなっている。

顕界の背後に幽界があり、この世の生活や人間のあり方は、この世だけで規制されるのではなく、むしろ目にも見えず手でも触ることができない、あの世ともいうべき世界の存在によって、成立していると考える。その世界の存在が日本の文化を支えているとするのである。それはたしかに単に分析して明らかにされたものというより、われわれが肌で感じ、また心で感じ取ることによって理解されるものでもある。それが柳田のいう同郷人の感覚であり、心意伝承によって伝えられるものでもある。ただそうしたものの存在を具体的な文化事象によって説明するということになると、地形によって生活世界を具体的に示し、そのあり方を説明する米山の世界観は、生活感覚からも理解しやすいものということができる。

ただ、この小盆地宇宙は、やはり個々の地域を越えて、日本の生活文化のあり方の一つとして、抽象化されたものである。そしてそれは、町を中心として再構成された世界である。それは歴史の流れを背景として作りだされたものではあるが、町をめぐる地域が、町とどのようにかかわっているかということになると、一様であるということにはならない。

つまり、町に視点を置いた、町を中心とした同心円的展開をしていると考えるだけでよいかということになる。

福沢モデル

そうした小盆地の中心の町と、周辺地域との関係をとらえ、モデル化しようと試みたのが福沢昭司である（「マチとサトとヤマ――松本市を例として――」『信濃』四六―一、一九九四年）。福沢は、松本という、歴史的には城下町として成立し、現在においても地域社会において中心的な役割を果たしているマチと、それを直接とりまく農村地帯であるサトと、地形的にはその外側に位置する山村地帯であるヤマとが、どのように交流しているかを調査する。それによって、それぞれの地域に対する価値観を含む認識と、それぞれの地域が直接交流する姿が浮かび上がってくる。

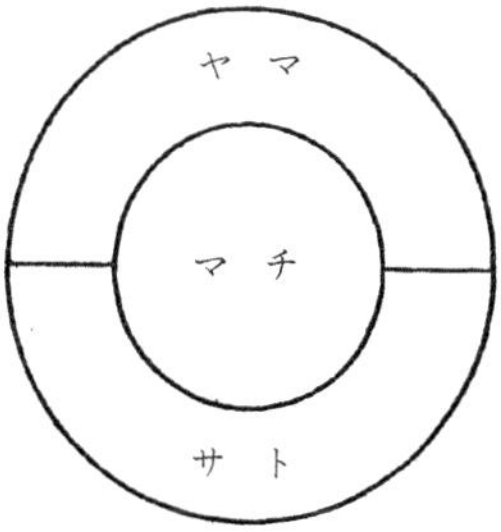

図2　福沢モデル

マチを訪れるヤマの人びとに対するマチやムラの人びとの反応は、それを通して自らのあり方を認識する機会でもあったという。つまり、銭と土地とのあり方によってこの三つの地域とそこに展開する生活を評価したのである。社会の上層部の人は土地も銭もある。こうした人はどこに住んでいようと高い評価を得る。地域の空間的差異を超越するのである。

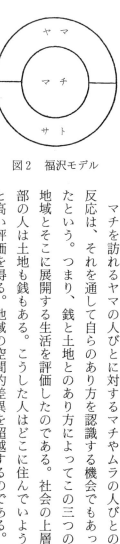

しかし、町に住む人は必ずしも土地もちというわけにいかない。近郊から集まって仮住まいをする人も多い。ただ、土地をもたなくても銭を得る手段はもっている。そうした意味で評価される存在である。ムラの人は日銭を稼ぐ手段はもっていない。しかし、概して定着農民は土地をもっている。小作をしていても家屋敷は所有し、それはマチにおけるものに比較すると豊かであるということができる。そうした意味でまたムラも評価されうる存在である。それに対してヤマにおける生活は、土地はムラに及ばないし、銭はマチに及ばない。こうした関係においてそれぞれの地域は同一の基準によって比較される。それは必ずしも同心円的存在のみによってマチの位置を理解することのできるものではないことを示している。

それは、評価という点だけではなく、マチとの関係においても見ることができる。ヤマの人びとは、炭や薪《まき》や山菜などを直接マチに運び商いをする。そして生活に必要なものはマチから直接購入するのである。地形的にはマチとヤマとの間にはムラが存在するのであるが、ムラとは直接かかわらずにマチとかかわるのである。もちろんムラはマチともヤマともかかわる。マチは地域の中心的な役割を果たすがゆえに、同心円的な様態は示すが、しかしそれは、三重の同心円ではない。ムラとヤマとはマチに対しては対等の存在として理解できるというのである（図2）。

このモデルもまた顕界に中心を置くものである。そうした点ではまさに米山の小盆地宇宙と同じである。しかし視線はマチに固定されてはいない。その生活空間としての地域全体に対等に注がれている。そうした意味で独自のモデルということができる。ただ、マチという空間は、ムラ・ヤマという空間と区別される存在としてのみ把握されている。

したがって、ムラ・ヤマがマチに同じようにかかわるように、マチはヤマとムラとに同じように影響をおよぼすのである。たとえば、昭和二十年代においても、子供たちは自動車をマチを象徴するものとしてとらえていた。ボンネット型のバスがやって来ると、子供たちは道路に飛び出して、その排気ガスに混じるガソリンの匂いを嗅ぐために、どこまでもバスを追いかけた。また、雨上がりの道の水たまりに落ちた自動車の油が作る七色の縞模様を飽きずに眺めた。そこにはムラやヤマにはないマチの匂いと光とがあった。こうしてマチの匂いと光とが侵入するのは、ムラもヤマも同じ状態においてであった。

こうした都市の位置づけは、観念として、地理的空間として、生活における関係として、その視点の置き方によって様々である。そしてそこに見えてくるものは、都市をどのように位置づけるかによって異なる。

民俗都市の内部構造

ムラの構造

都市が地域のなかにどう位置づけられるとしても、それは非都市的なものとの関係において把握されたものである。その非都市的なものというのが、農村・山村・漁村であり、農地・丘陵・山岳部であり、ムラでありヤマであった。しかし、空間的な側面から都市を考えるということになると、生業形態や地形などというような条件からだけではなく、空間的なあり方そのものによってその独自性を考える必要がある。つまり生活空間としての都市の独自性である。

日本民俗学において、生活空間の構造を明らかにするために、まず対象とされたのは村落空間であった。それは長いあいだ民俗学の対象が、村落を中心とする地域であったという、学史的展開に基づくものであった。また、村落空間の構造に対する関心は、伝承文化を伝達継承する単位としてのムラを設定することによって、民俗的生活文化をできるだけ総合的に把握しようとする試みとかかわっていた。その伝承文化の意味と変遷とを考えようとする、いわゆる地域民俗学の考え方とも無縁ではなかった。したがって民俗誌を記述する方法ともかかわっていたのである。

　そうした関心のなかで整理された村落の空間構造としては、福田アジオのモデルがよく知られている（『日本村落の民俗的構造』弘文堂、一九八二年）。福田は村落の空間をムラ・ノラ・ヤマ（ハラ）の三つの異なる空間が同心円状に展開するものと考える（図3）。まずムラは人びとが生活する「民居の一集団」で、集落をなしている、人びとの定住地としての領域であるとする。それは氏神を祀る空間でもあり、祭りのときにはハレの空間を示すものとしてその境に注連《しめ》を張り、流行《はや》り病などのときには境に道切りをして外部と区別される空間でもある。ムラというと普通はこの空間を指すことが多い。たしかにここは村人の主たる生活空間であり、人びとの社会生活が展開され

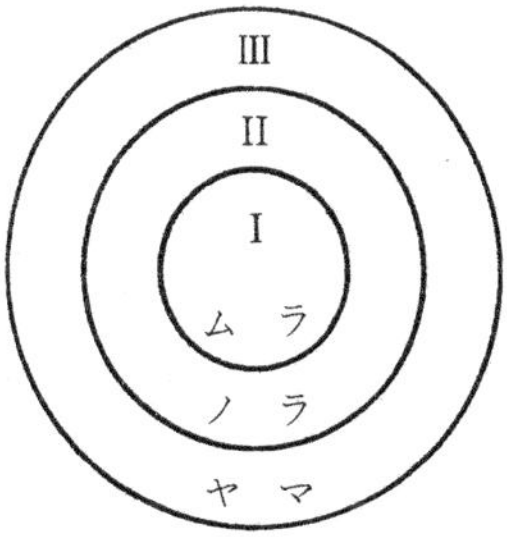

図3　福田アジオの「ムラの領域の模式図」

る空間である。しかし、村落の生活はこの空間だけでは成立しない。

そこに暮らす人びとの生活の糧を得るためには、生産地としての領域である耕地が絶対的に必要である。そこをノラという言葉で示す。この領域は民居の空間であるムラの周囲に展開する。空間モデルからすればムラの外側に存在することになる。この空間にかかわる信仰的な存在は田の神である。もちろん、信仰的シンボルが田の神であるといっても、この空間に存在するのは水田だけであるというわけではない。耕地に出て働くことを「野良仕事をする」などというので、この空間をノラというのであって、その仕事それ自体は畑仕事であることもある。ここは食料を生産することに直接かかわる空間である。

住むところがあって、食べるものを手に入れることができれば生活が成り立つように思われる。しかし、実際に生活を営むためにはそれだけでは十分とはいえなかった。かつての村の生活には、燃料が必要であり、田畑に入れる肥料が必要であった。また家畜の飼料としての草も必要であった。屋根を葺く茅なども必要であった。そうしたものがあってはじめて村の生活は成立したのである。こうしたものを買うこともできないわけではなかったが、多くの村では入会地のような村の共有地を所有していた。「利用できる山林原野」を持っていたのである。そこは採取地としての領域であり、ヤマ（ハラ）と福田が名づけたところである。信仰的シンボルは山の神ということになる。ここはムラからもっとも離れたところに展開し、空間モデルからするともっとも外側に位置する。こうして三重の同心円モデルが描かれるのである。

村落空間が家屋の存在する場所だけではなく、それを取り巻く田畑や山林などを含むものであるとする、この福田の理解は、村の生活を分析し再構成するときにはとりわけ有効である。伝承的生活文化が伝達継承される単位としての、伝承母体はこのような空間であろう。そしてまた、この田畑と農家とその背後に存在する緑の山という組み合わせは、多くの人がイメージする日本の農村でもある。この空間は、かつては世代を超えて存在する村人たちの生活世界であった。そうした意味でムラは、「民居の一集団」を示すとともに、伝承母体としての空間をも示している。

こうした空間において人びとの生活は完結していた。さまざまな集団があっても、基本的にはその空間内においてそれらは複合し、累積している。そして、それらの集団に属するメンバーは多少の違いを見せながらも、長い一生においてはなんらかの関係をそうした集団とかかわることになる。このような性格からすれば、ムラという空間は、そこに生活する人びとにとって均質的なあり方を示しているということになる。村のなかに「町」と呼ばれる地域があるところも多いが、それは「民居」の一部を指すことが多く、ムラの空間のあり方からすると必ずしも異質の空間というわけではない。福田モデルは三重の空間モデルを示しながら、それは人びとにとって一つのセットとしての空間であることを示しているのである。

マチの構造

それではマチの空間構造はどのようにとらえることができるであろうか。村の空間が村の生活のあり方から見いだされたように、町―都市の空間も、そこに生活している人びとの生活の仕方から整理してみよう。いったい都市の生活において人びとは空間とどのようにかかわっているのであろうか。もし村落生活との比較のうえでその生活をとらえるとしたらどのようになるのであろうか。

都市に生活する人びとの行動が、村に生活する人びとと同じでないことはわれわれは実感としてよく知っている。前述したように、勤めに行くお父さんは、お母さんと子供に見送られて、電車に乗ってグッドバイバイなのである。現在はお父さんだけではなく、お母さんも子供を保育園などに預けて勤めにいく家庭もある。いずれも電車などで通わなければならないような遠距離である場合が多い。そしてその勤めもさまざまな職種に及んでいる。それは村における生活が、ムラ・ノラ・ヤマという空間にほぼ同じようにかかわっていたのとは異なるかかわり方である。

仮にそうした都市生活者の行動を、実際の生活をもとにしてモデル化すると、基本的には図4のように整理することができるであろう。

こうしたモデルはもちろん類型化したものであるために、実際にはこのように単純なものではないことは明らかである。さまざまな類型が組み合わさったり、たとえば自由業などのように、その職種によって類型化ができない行動ももちろんある。個人差もあるし日によっても異なる。しかし、基本的には自宅から出て自宅に帰るその間に行う行為としては、こうしたものがその主なものであろう。自宅を出たまままいつまでも帰らないとか、ホテルから出社するとかということがあったとしても、それは変則的なものであろう。少なくとも生活者の行動からその空間的なあり方を考えようとする場合には、それほど不都合なものではないであろう。

空間分化

こうした行動モデルを見ると都市に生活する人びとは、非常に多様な生活をしているということを改めて知ることができる。それは、たとえば会社に行くといいながら、実際には会社以外のところに行くこともあり、学校に行くといいながら居酒屋に行っていることもあり得るということである。それはそれぞれの生活において深

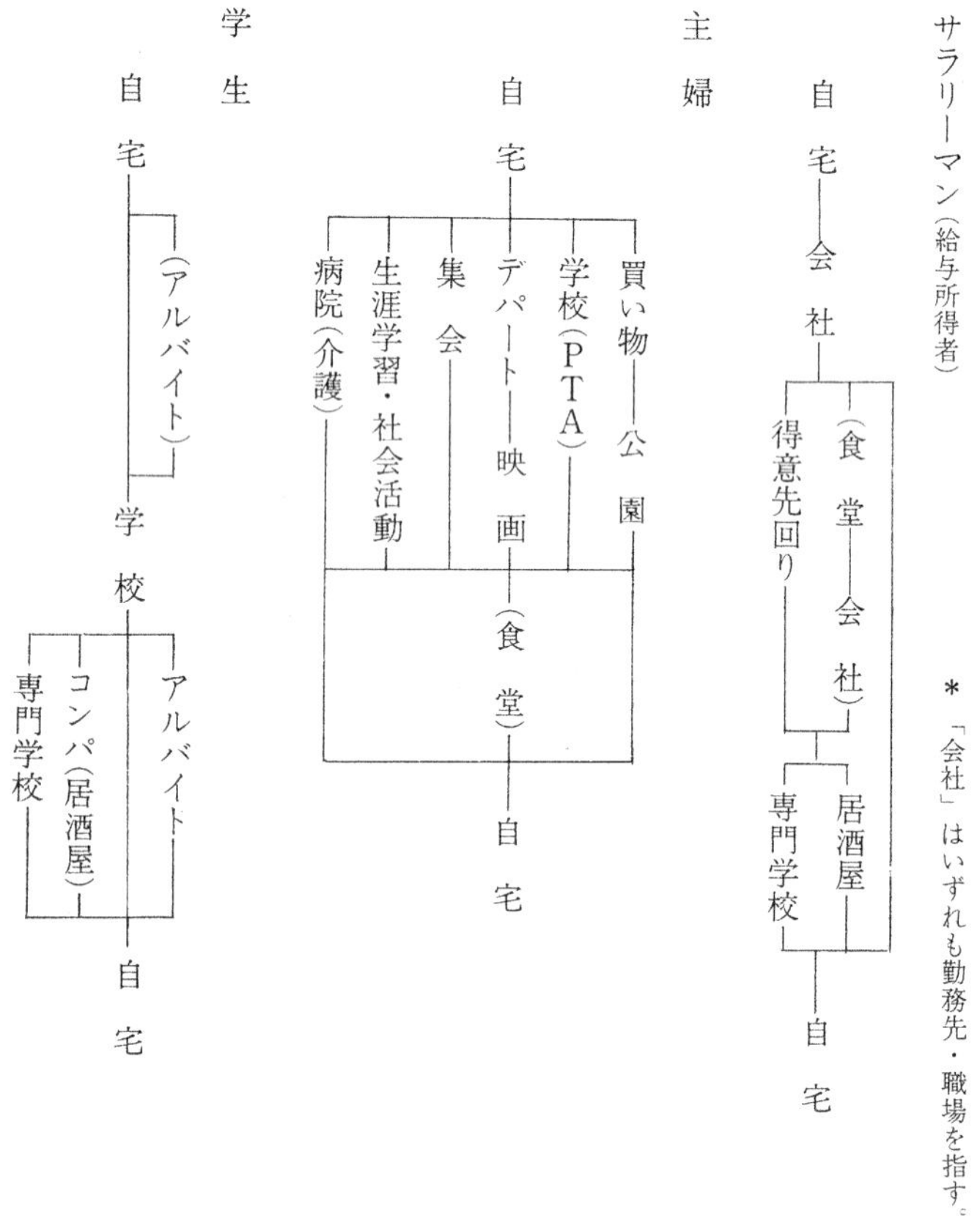

都市生活者の行動モデル

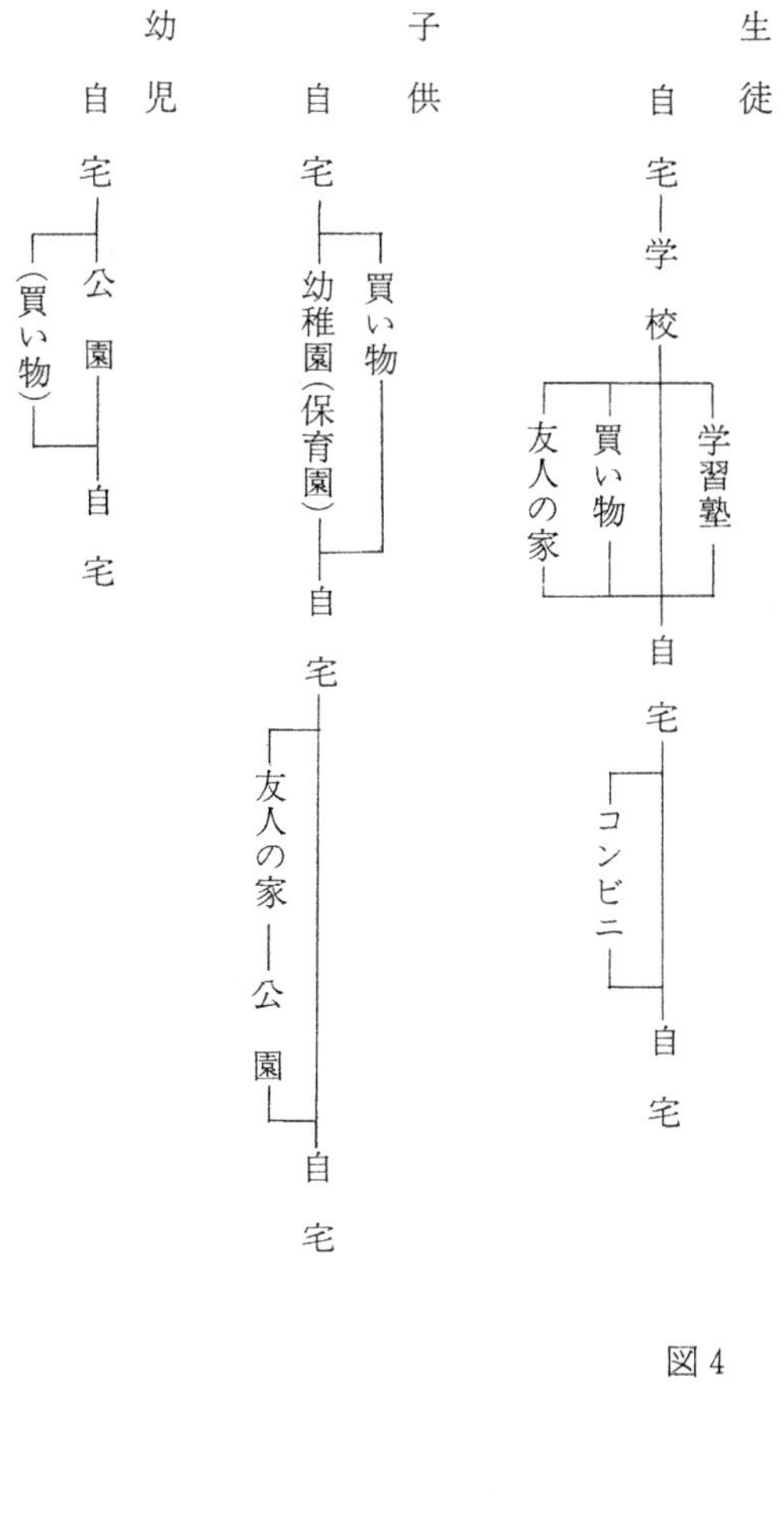
生徒
自宅
学校
学習塾
買い物
友人の家
自宅
コンビニ
自宅
子供
自宅
買い物
幼稚園（保育園）
自宅
友人の家
公園
自宅
幼児
自宅
公園
（買い物）
自宅

図4

いかかわりをもっており、嘘をいっているとか、遊んでばかりいるとかということとは異なる行為であることはもちろんである。このような多様さが都市の生活の特徴の一つであるということである。

また、このような行動を見ると、それぞれの目的によって行くところ、すなわち空間が異なることが推測される。会社には居酒屋はないであろうし、居酒屋が勤め先であるときに、一杯飲むのが自分の勤め先ではないことは十分認められる。買い物をするところと公園は違うところであろうし、学習塾と買い物をするところは異なるであろう。それは同じ町並みのなかにあっても専門学校に行くときと、居酒屋に行くときとはその町の性格は異なる。そうした意味で、この行動モデルを対象として、それぞれの空間の性格づけをすることができよう。

まず、一日のはじめに行動を起こすときの出発点であり、一日の終着点でもある自宅は、家庭生活を営むところである。普通はそこが住民登録の住所であり、地域社会としての活動に参加する場所である。加入している町内会は自宅のある地域の町内会である。そうした点からすると、いわゆる地縁集団の一員としての存在はこの自宅のある空間においてである。そこでこの空間を「居住地空間」と呼んでおこうと思う。

自宅から出て赴く会社などの、勤め先のある空間、それはいわば働く場所である。それは職種とかかわり、その場所に入ると基本的に働くことが最優先される。そこで、この空間を「職域空間」と呼んでおこう。

また、会社の帰りや、コンパ、あるいは友達と旧交を温めるために訪れる居酒屋や、もっぱら人びとの歓楽のための多種多様な店々などは、それ自体がいわゆる盛り場的な性格をもっている。そこでこれを「盛り場空間」と呼んでおきたいと思う。

学生や生徒の行く学校、専門学校や学習塾、あるいは図書館・美術館・博物館などは、文化的施設であり、教養を高めるために訪れるところである。映画館や劇場などもそうした性格をもっているのであるが、ここはそのような性格から、「文化空間」と呼んでおくことにする。

その他に病気の介護などに訪れる病院は、生命のあり方にかかわるところであり、生死に直面する場である。表現を変えればこの世である顕界と、あの世である幽界との接する場であり、他界を覗《のぞ》き見る場である。それは彼岸の折などに訪れる墓地も同じである。寺や神社も同様である。こうしたところを「境界空間」と呼んでおく。

その行動モデルから考えられる空間はこうして五種類に整理できる。しかし、それぞれの空間は、その個人の認識によるものであって、ある空間をだれでもが同じ性格の空間として行動しているというものではない。したがって、その空間を地図上において特定することは難しい。個人個人の行動に基づいて地図を作れば、その時にその空間はどのような性格をもつかということは特定される。ただ、誰もが共通に認定する空間ばかりではないということである。そうした意味でこの空間は、機能に基づく観念的な空間であるということになる。

そうであるにもかかわらず人びとは、これらの空間における行動や認識を、その空間内に特有なものとして、異なる空間内に持ち込むことを好ましいものとしてはいない。たとえば、会社の仕事中に、家族から私的な電話などがかかってくると、「そんなことで会社に電話を掛けてくるな」と怒るのは、職域空間内に居住地空間が侵入することに対する怒りである。そんなことがしばしばあるとその人に「マイホームパパ」などというレッテルが貼られる。

また、会社の仕事を自宅に持ち込みすぎ、その生活に支障を及ぼすようになると「猛烈社員」とか「企業戦士」などといわれる。そこには称賛の響きよりは非難めいた響きが多く込められる。また、自宅に持ち込むのが盛り場の酒や女性に関するものであったりすると、そこに出現するのは修羅場である。それが娑婆の姿であり、それが火宅《かたく》の人であるとしてもできれば立ち会いたくない場である。こうして人びとはそれぞれの空間内において、そこにふさわしい振る舞いをするのである。その生活に応じて空間は分化するとともに生活も分化する。

移動空間の出現

都市の生活において、多様な空間が出現し、それとともに生活しなければならない事態が生まれたのは、生活の多様化によることはいうまでもない。しかしそのことはまた都市の拡大ともかかわっていた。多様な機能に対応する空間の分化によって都市は拡大する。郊外の住宅地の造成はその代表的なものである。都心から線路を延ばし、郊外に都市が侵食を始めることによって、職域空間と居住地空間との距離はさらに拡大した。

都市の拡大と都市化の進展は、空間分化を促進し、それらの空間を結ぶ手段を必要とする。もちろん最初は自らの肉体をもってその手段とした。歩いたのである。かつて、小学生が学校に通うときに、徒歩で三〇分や一時間かかることはそれほど珍しくはなかった。約二キロから四キロの距離である。しかし現在においては、職域空間と居住地空間とが徒歩で結ばれているということは、非常に恵まれているといわざるをえない。そうした状況であってもなお徒歩の距離はできるだけ短くしようとする。徒歩で一五分を超すと自転車を使用する場合が多くなる。そしてさらにその距離が長くなるにしたがって、バイク・自動車などを用いることになる。あるいはバスも利用される。電車はそうした移動の手段としては、もっとも長い距離にも対応できるものである。片道二時間三〇分もかけて通勤・通学をする人もいる。

こうした空間から空間に移動するときの交通手段を見ると、まずは一人だけで生身の体をその空間にさらして移動している。徒歩のときや自転車・バイクを用いるときである。自動車のときには閉ざされた車内空間とともに移動する。この時にその空間を共有するのは、自家用車においては個人だけであり、タクシーなどにおいても運転手と乗客だけである。ごく少数の人間だけであって、その空間内における社会性は希薄である。バスは乗客数に限りがあるとはいえ、不特定多数の人びとが車内空間を共有する。そこには席の譲り合いや、時には料金支払いのための両替の依頼なども行われ、ある社会的関係ができあがる。しかし、その関係は路線の長さや停留所ごとに乗り下りする人びとによってその社会性は必ずしも安定したものではない。

それに対して電車の場合、車内空間は広く、その空間を共有する人の数は、バスなどに比べると格段に多い。また乗車時間などにしても相当に長く、その空間内におかれる人びとの状態の安定度は高い。そのために車内においては一定のマナーが要請される。シルバーシートの設置や座席の譲り合いなどは、車内空間社会におけるルールである。時には車内暴力なども発生するが、それはそこが独自の空間であることを示している。

電車は異なる空間と空間とを結ぶ空間である。人びとはその空間によって空間間を移動する。したがってこれは移動空間ということができる。都市の拡大とともにこの空間の存在は大きくなる。片道二時間三〇分も電車で通勤する人にとっては、この移動空間は無視できない存在である。こうして都市には新たな空間として移動空間が出現するのである(図5)。

民俗的空間　都市におけるこのような空間の存在は、個人の認識により異なり、誰でもが一律に認めることができるように、地図上に色分けをして示すことはできない。したがって、地理学などにおいて見いだされた都市空間のモデルとは大きく異なっている。しかも村落を対象として見いだされたムラの構造モデルが、ある程度その地理的空間と対応させることができるものであったのに対し、まったく観念的なものであるという点でも相違している。それだけ都市の生活が多様であるということでもある。

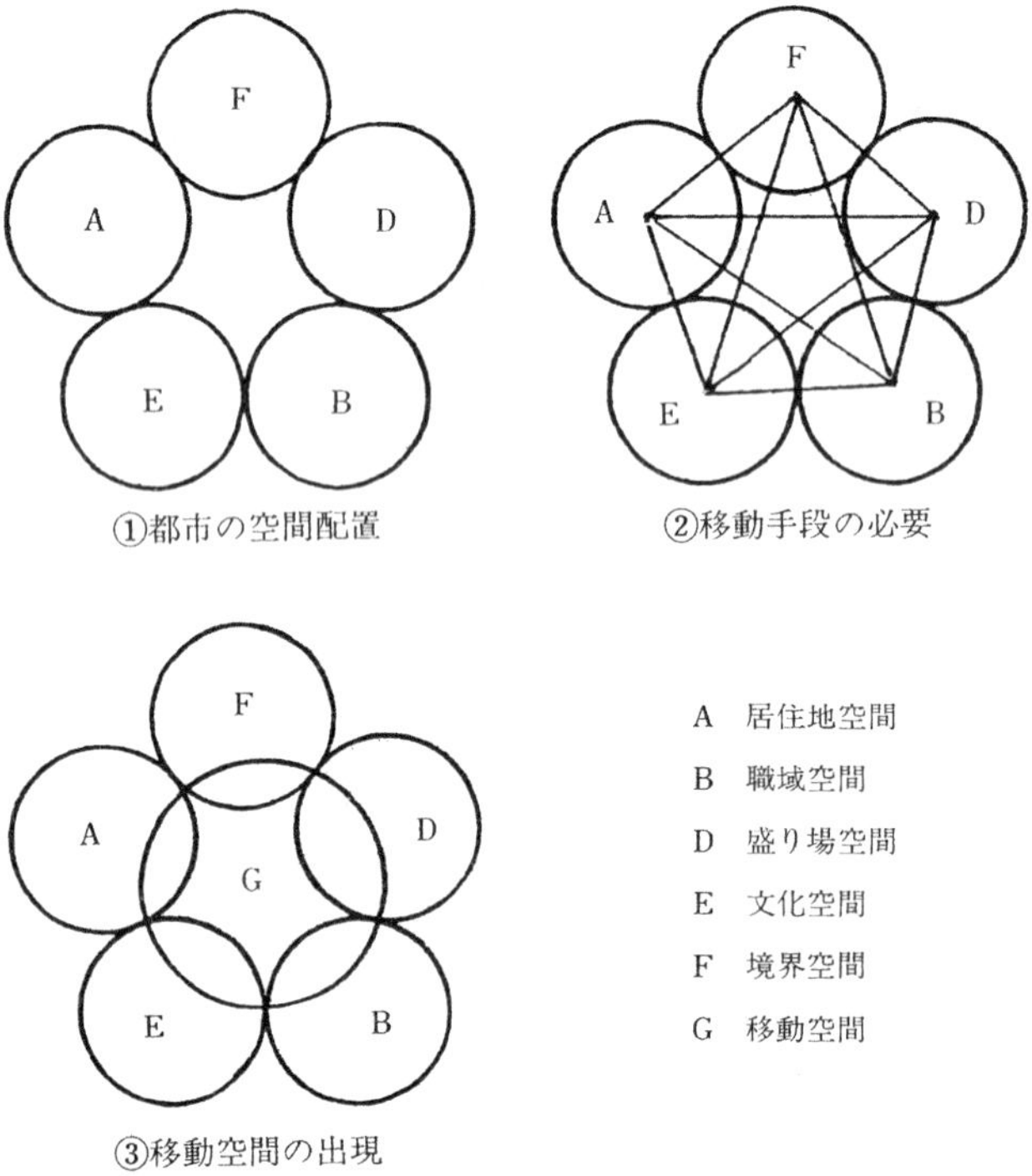

図５　都市の空間分化と移動空間の発生

都市の生活がムラの生活と異なっているのはその多様さだけではない。それと無関係ではないが、空間のあり方が異なっているのである。ムラにおける生活の展開が、日常的な状態から、祭りなどの非日常的な状態に転換するときには、その空間全体が転換する。ムラの境に注連を張って、外部と一線を画することによって、その空間が異なった状態に置かれていることを示す。それは観念的なものだけではなかった。

竈《かまど》が小さく別れてから後も、村の香りはまだ久しく一つであった。ことに大小の節の日は、土地によっては一年に五十度もあって、その日にこしらえる食品は軒並みに同じであった。三月節供の乾貝や蒜膾《ひるなます》、秋は新米の香りに鮓《すし》を漬け、甘酒を仕込んで祭りの客の来るを待っている。特に香気の高く揚がるものを選んで用意するということもなかったろうが、ちょうど瓶を開け鮓桶をこれへという刻限までが、どの家もほぼ一致していたために、すなわち祭礼の気分は村の内に漾《ただよ》い溢れたのであった。

ムラの空間全体が一斉に非日常的な香りに包まれる様子を、柳田国男はこのように印象的に述べている（『明治大正史　世相篇』朝日新聞社、昭和六年）。機能的空間の区別はありながらも、その空間に対する人びとの認識に差異はなかったといってもよいであろう。その認識が変わるときには空間全体が変化し、空間内における差異はないのである。

しかし、都市空間内に存在する諸空間は、それぞれの機能を果たすために、ほぼ恒常的にその性格を変えることなく存在する。個人個人の認識のなかにおける差異は存在しながら、居住地空間は居住地空間として、職域空間は職域空間として存在しつづけるのである。たしかに職場を変わったり、失業したりすると具体的な空間の位置は変化する。しかしその機能をもった空間は存在しつづけるのである。

重層的空間認識

このように見てくると、都市の空間は機能的側面が卓越した空間であるということができる。空間であるからそこに地理的な要素がまったくないということはできないが、より機能的なものに関心が寄せられているということである。自然の力をできるだけ配慮しなければならなかった時代に比べると、それだけ人の存在が優越しているということでもある。もっともあまりいい気になっていると梅雨時に川の水が暗渠《あんきょ》から吹き出して、床上まで浸水することがある。自然の力は侮《あなど》れないのであるが、それに対抗するのにまたより機能的な点に心を砕くことになる。やはり狭い空間をより有効に活用するために、快適な生活の実現のために機能を高めようとするのである。

快適な生活を営むための空間分化は、都市ができてからのものではない。いつの時代でもそうした工夫は行われていた。竪穴住居においてすでにそれぞれの道具を一定のところにおいているさまが見られるし、家屋の拡大とともに部屋数が多くなり、それぞれの部屋の性格も定まってきている。日常的な生活が営まれる部屋と、改まったときに用いられる非日常的な部屋との区別が見られる。それは公的な部屋と私的な部屋、あるいは男性中心の部屋と女性中心の部屋などの区別があり、機能分化されているということもできる。その機能は家屋そのものがもつ機能であるが、そこを使用する人の認識ともかかわっている。

それは家屋を越えた地域においても見られる。そして、その地域地域においてさまざまな機能を果たす空間が認識されている。都市近郊などに造成される団地において、商店街の空間や公園・集会所などが計画される。その集会所においてある時には講演会が開かれ、ある時にはカラオケ大会が開かれる。文化的な空間になったり盛り場的な空間になったりする。公園においても夏祭りや盆踊りなどが行われることがある。それに参加する人がその空間をどのように認識するかという問題はあるが、ある意味では盛り場的な空間であり、神仏などと交流する境界空間としてみることもできる。

こうした空間が地域的規模の大小によってさまざまに展開している。類似の空間が重層的に存在するのである。しかもそれらの空間の性格は、その空間にかかわる人の認識によって変化する。まさに都市における空間は重層的に存在するのである。そのために地図上に色分けして示すことはできないが、人びとの認識においてはその空間は明らかに存在しているのである。

民俗都市の空間モデル

そうした人びとの認識を基にして再構成したのが、いわゆる民俗都市であり、その空間的あり方は機能分化に基づくものである。家屋内においても機能空間の存在は認められるが、都市空間内においてそれがより明確になってくるのは、都市空間の拡大によってである。地縁社会的な生活が優越するムラにおいては、狭い空間内にさまざまな機能空間が存在するがゆえに、機能的空間分化はそれほど明確ではない。いわば職住一致的空間である。しかし、都市的生活においては職住は一致しがたく、職場に通う生活が古くから見られる。平安貴族が宮廷に通う姿は『源氏物語』などにも見いだすことができる。

地域的小都市の生活においては、比較的職住は分離しがたく、商店などにおいても、住居の一部が店舗になっていることが多い。それぞれの機能空間が、狭い地域に累積するために、人びとの生活はその地域的空間内において、ほぼ完結する傾向を示す。空間との関係からすると、その構造こそ異なるけれども、比較的ムラ的であり、伝承母体的なあり方であるともいえる。

しかし、都市は住居を郊外に押し出し、その生活の多様化とともに、町の内部においても、職域空間・盛り場空間・文化空間・境界空間などの空間に分化していく。郊外の居住地空間との距離は遠くなるばかりである。こうして、大都市になればなるほど職住は分離していく。都市的空間の進展である。だが、これらの空間はそれぞれバラバラなものではなく、行動モデルで見たように、それぞれに関係を保っている。都市に生活するためにはこのような空間が必要なのである。

こうした空間を人びとは移動するのである。その時距離が近ければ徒歩で移動できるが、都市空間が拡大しているところでは、なんらかの手段を使わなければ移動に困難が生ずる。そこに登場するのが電車であり、移動空間である。電車内に一定の空間的特徴を認めていたのは寺田寅彦の随筆などにも見られる。

電車の中では普通の意味での閑寂は味わわれない。しかしそのかわりに極度の混雑から来た捨てばちの落ち着きといったようなものがないでもない。乗客はみんな石ころになって周囲の石ころの束縛をあきらめているところにおのずから「三上」（枕上・鞍上・厠上《しじょう》のこと―筆者注）の境地と相通ずる点が生じて来る。従って満員電車の内は存外瞑想に適している。机の前や実験室では浮かばないようないいアイディアが電

車のなかでひょっくり浮き上がる場合をしばしば経験する。(「路傍の草」『寺田寅彦随筆集』第二巻、岩波文庫、一九四七年)

これは大正十四年の文であるが、電車内の状況が彼にとって特別な性格をもつものであったことを示している。ある程度の時間的経過を要するこの空間内においては、ただ移動するというだけではなく、さまざまな行為が見られる。居眠りをする人、本を読む人、音楽を聴きながら物思いにふける人、時には酒などを飲む人、恋人の肩を抱く人、あるいは化粧をする人などもいる。それぞれの空間から空間へ、その空間の名残りと思いを引きずりながら乗り合わせる。

移動空間は移動するという機能をもって名づけられた空間である。しかし、人びとは移動することに専念しているわけではない。自らは移動することに何もかかわる必要がないために、思い思いの行為をするのである。その行為に見られる機能は、都市の機能空間にみられる機能のすべてである。たとえば、普通の状態であれば人に見せない顔をここでは平気で見せるのである。人前にでるために装う行為を電車内で行うということは、その空間を公の空間とは認識せず、私的な自宅内と同じ性格をもつ空間と考えているということである。

　こうした外部とは切り離された移動空間は、都市の縮図でもある。かつてこの空間は、移動中はまったく外部とは切り離され、窓から見える情景もこの世界とは異なる世界の情景であった。しかし、近年携帯電話などの普及によって自由に外部の空間と交流することができるようになった。かつて、空間と空間とのあいだをワープするかのようであった移動空間も少し様子が変わってきた。それでもなお、移動空間が都市の特徴的な空間であることには変わりがない。

民俗都市の時間

都市の一日

サラリーマンの一日

都市の一日はサラリーマンの出勤から始まる。さまざまな機能が複合混在する都市において、その機能を効果的に発揮させる役目を負っているのがサラリーマンだからである。職域空間が職域空間としての活動を始めるのは、サラリーマンがその配置に着いたときからである。もちろん昼夜を分かたず機能していなければならない職場においては、一日何交代かで勤務する必要がある。また夜間勤務の職場もある。しかし大多数の職場においては朝その機能を発動させる。それらの機能が発揮されなければ都市は都市としての存在を失うことになる。それだけにサラリーマンの朝は慌ただしい。

通勤に要する時間を考慮すると五時ころに起きなければならない人もいる。結婚しているとその前に妻が起きて朝飯の準備を整えてから夫を起こすことになる。この時間では子供はまだ寝ていることが多い。したがって妻は後で子供たちと一緒に食べるので、夫は一人で朝食を食べることになってしまう。その献立は家ごとに異なるが、妻は夫の健康を気づかって果物を欠かさず準備し、冷凍食品はあまり使わないように心掛けて、玉子焼きを作り、温かいご飯と味噌汁を用意したりする。天ぷらをあげる家さえある。だが、どこの家庭でも必ずそうした食事をするということではなく、ともかく電車に駆け込んで、駅の売店などでサンドイッチを牛乳で流し込んで出社するという人も少なからずいる。

このような状態においては、かつてのように、父さんが見送りの家族に手を挙げて、電車に乗ったらグットバイバイ、という情景は見られようもない。ともかくさまざまな家庭の朝を乗せて、満員の通勤電車はつぎつぎと職場へ人びとを運んでゆく。

朝の満員電車は帰りの電車と様子が違う。車内が比較的に静かなのである。時には共稼ぎの若い夫婦が後朝《きぬぎぬ》の余情を残してささやいている声が聞こえることもある。しかしともかく大多数の人びとは個々の家庭の一員として、その家庭の存在を背負いながら、職場における任務を果たすための準備を整えようとしている。そうした意味ではたしかに朝の通勤電車は、岩本通弥のいう変身空間としての役割を果たしている（岩本通弥「サラリーマンの生活風景」『都市鼓動　まち』旺文社、一九八六年）。

電車を降りて駅を出たところは職域空間であり、この時にはすでに家庭における、夫・父などという存在を自ら振り払った、サラリーマンとしての存在なのである。そして勤務開始の時間を気づかいつつ職場に急ぐ。

会社に入り、タイムレコーダーをガチャンと押せば、その時から彼らはサラリーマンとしての時間と空間のなかに組み込まれる。内勤も外勤も、営業も外交も現業も、その勤務の形態はさまざまであり、これから過ごす時間や空間も一様ではない。しかし、退社までの時間はすべて勤務にかかわって費やされるはずのものである。

休憩時間は勤務の能率を上げるものであろうし、昼の時間に食事をするのも午後の勤務のためのエネルギーの補充である。そしてその時間は基本的には定められている。個々にその具体的な時間が異なっていても、それは私的に定めたものではない。いわば職場という存在によって公に定められたものである。たしかに空間的には職場の外に出ることになり、個人個人の行動は制約されているわけではない。したがって家庭とも職場ともかかわらない、個人の時間として使われることも時にはありうる。そうした公私の時間のはざまにおける、さまざまな行動が社会的な現象として注目されることもある。ただごく普通のサラリーマンにとって、退社まではその職務を果たすために、職域空間と職場の時間によってその生活は規制される。

しかし、居住地空間と職域空間という異なる空間において営まれるそれぞれの行為は、空間的にも時間的にも、互いに接点をもたないものである。そして前者には私的な時間が流れ、後者には職場の時間が流れることが前提である。そしてその勤務の内容も形態も多様である。そうした異なる状況のなかで時に接点を発見し、偶然その実態を知ったとき、かつてはアドバルーンを見上げて嘆く妻もいたのである。

勤務の終了時間は一応それぞれの職場で定められている。ただ、それがそのまま職域空間の時間と空間からの離脱になるとは限らない。残業ということもあるがそれだけではなく、職場の外の盛り場空間などにもその時間と空間とが流出するのである。職務と直結するとそれは接待などと呼ばれるものであり、同僚同士であれば仲間意識の確認と根回しと愚痴などの発散である。そこには営業成績の向上による利潤の追求と、職場の人間関係や仕事や上司との関係などが形を変えて存在する。職場の時間と空間そのものではないが、まったく異なったものでもない。勤務時間中に見られるものとは異なるが、紛れもない職場の一つの姿である。

もちろん、そのようなあり方だけではなく、終業時間とともにサラリーマンから一個の人間にたちかえり、個人の私的な時間の中に入っていく人もいる。盛り場空間にあって、歯にしみ通る酒を飲む人もいれば、小皿を叩いて酒を飲む人もいる。映画・演劇鑑賞や、さまざまなグループ活動などに参加する人もいる。文化空間や境界空間などに身を置く人びとであり、あるいは病院に介護に向かう人もいる。

夕刻以後はそうしたさまざまな人を乗せて、電車は帰路につく。まだサラリーマンとしての余韻を残し、同僚と仕事の話をしている人もいるかとおもうと、いま見てきた映画の話をしている二人連れもいる。グループの人とこれからの計画を話し合っている人もいる。ため息とともに飲んだ酒に悪酔いをしている人もいる。朝の電車には見られなかったざわめきと人間関係、そしてさまざまな空間から持ち込まれた空気と時間とが混在している。そうした電車の空間は、必ずしも変身のための空間とばかりはいえない。移動という機能をもったこの空間は、都市という空間がもつ多様・多重な空間の累積である。その猥雑ともいえる多様さと、そこに身を置きながら自らの生活を維持しようとしているさまは、まさに都市生活のあり方を象徴している。

主婦の一日

夫の帰りがいかに遅くても、その帰りを待ちきれなくて先に寝てしまって

いても、朝いちばん最初に起きるのは主婦である。家庭を中心とした居住地空間の一日は、主婦によって始まる。もちろん、昔ながらに新聞配達の人びとの音が居住地空間の朝の到来を知らせることもあるが、それが実際の生活と結びついていることはあまりない。家の外とのかかわりによって一日の始まりをもし意識するとしたら、それはテレビであるかもしれない。しかし、主婦の朝にそうした余裕はあまりない。

サラリーマンの勤務地に比較的近い、たとえば東京近郊に住むような主婦であっても、五時から五時半ごろには起きて朝食の準備を始める人が多い。まずヤカンに水を入れてガスにかけ、湯を沸かすとともに洗濯機を回す。一方で味噌汁を作りご飯の用意をするなど、その手順はほとんど決まっている。毎日の仕事であるから短時間にできるだけ手際よく仕事が進められるように、その手順は自然とできあがっていくのである。こうした主婦も出勤するということになればいっそうその手際よさが重要になる。そして家族が起きてきたり、時には起こしたりしながらそれぞれの朝の準備に目を配る。食事の準備と家族の朝の秩序は主婦の手腕にかかっている。

主婦はその手腕という私的な条件をもって朝の時間を活用するのではあるが、その時間

はそれぞれの家族の公的な時間と深く結びついている。会社の始業の時間とか、子供の学校の始まる時間とか、それぞれいわば職域空間・文化空間などの居住地空間以外の空間の時間に制約されているのである。そこには居住地空間に流れる、主婦の私的な時間はないともいえる。主婦が自分の時間をもつことができるのは、夫が出勤し、子供が登校してしまってからである。しかしそれでも食事の後片付けや洗濯・掃除をすましてしまわないうちは、本当の主婦の時間は訪れない。だいたい午前一〇時くらいから午後三時くらいまでが家族から切り離された主婦の時間である。

買い物に行き、映画を見、カルチャーセンターに通い、友達と会うなどはほとんどこの時間帯である。昼食を友達同士でとり合う主婦の姿は、ファミリーレストランなどでも見ることができ、しばし家族とは異なった性格の時間を過ごす。毎日こうした時間を過ごすことができない場合でも、一週間に一度、たとえば金曜日には自分の自由に過ごすことができる日としているような主婦も多い。この時にじっくりと時間をかけて華道や茶道などの稽古をする人もいる。概して都市の主婦たちは多くの集団に属することを厭《いと》わず、その活動は重層している。

しかし、この主婦の時間も、子供が学校から帰る時までで、この時にはできるだけ家で子供を迎えようとする。また夕飯のための買い物なども、この帰宅の時までに済ませておこうとする。こうして家族の、そして居住地空間以外の時間と生活とにかかわる時間が、主婦の生活に入り込むのである。子供の塾への送り迎えなどというのもまた、主婦の役割とされる。

夕飯のときに家族全員がそろっていることはまず望めない。子供たちが小さいときにはそうした機会もあるが、家族それぞれの生活の世界が異なってくると、帰宅の時間なども違ってくるからである。それぞれの帰宅の時間に応じて、食事も何度かに分けられる。家族全員の食事がすんで、主婦がその後片付けを済ますのは午後九時くらいになる。塾に行く子供のために、五時ころに食事をさせなければならないなどという家では、主婦は四時間も食事にかかわっていることになる。また夫の帰りを一二時過ぎまで待っているなどということもある。しかし、一一時になっても夫が帰ってこなければ、妻は先に寝てしまうということにしている家庭もないわけではない。

また夜は夫と晩酌をすることにしているという主婦もいる。あるいは一〇時ごろに犬の散歩に行くという人もいる。そうした主婦が入浴して寝るのは一二時ごろになる。家族全員が寝てから翌日の準備を終えて寝るのである。こうして、居住地空間の時間とともに生活する主婦であっても、そこには家族の存在と、家族を通して入り込んでくる外部の時間とが、大きくかかわっているのである。勤めを持っている時にはよりその時間との関係は複雑になるが、家族の存在とかかわっていることに変わりはない。

眠らない都市

かつて夜は眠る時間であった。人びとは日暮れとともに家に帰り、家族団欒《だんらん》のときを過ごした。そしてゆっくりと体を休めて、翌日の活力を蓄えようとした。「寝るは極楽、起きるは地獄、浮世の馬鹿は起きて働け」と、夜になるのを待ちかねて体を休めようとした。もちろんかつての農家では、冬の夜に囲炉裏《いろり》の傍《かたわ》らでヨナベをするときもあった。しかしそれでもそれは、家のなかで過ごす時間であり、外は吹雪が吹き荒れていたりする。基本的には夜は外で活動をする時間ではなかった。また、外は月明かりや星明かりがなければ闇の世界であった。文字どおり鼻をつままれても分からない一寸先は闇の世界である。

こうした闇の世界は長いあいだ日本の夜を支配していた。不夜城《ふやじょう》などと呼ばれて夜も灯をともしつづけている場所は、町のなかであっても限定されたところだけであった。普通の場所においては、寝しずまった家と闇ばかりであった。だからこそ軒が三寸下がるような静寂の時間でもあったのである。

しかし現在、会社の終業時間を待ちかねて外に出た人びとは、耿々《こうこう》と灯をともした夜の町に、思い思いに姿を消してゆく。町は昼にも増した賑わいを見せてそれらの人びとを迎え入れる。そこに職域空間の時間を持ち込む人もなかにはいるが、しかしここはまったく異なった時間が流れ、昼間とはまったく異なった顔をもった人びとの世界なのである。だれでもが「社長」になれるし、「生徒」もただの「若者」になる。また、肩書などを捨てて単なる男と女になる、そういう世界なのである。盛り場空間の時間である。それは昼間の仕事の代償として得られる時間であるかもしれない。そのために、光はいやが上にも華やかに、また時間はできるかぎり異質な性格をもって流れていく。

こうして作りだされた盛り場空間において、その華やかな幻想を支える人びとがいる。ここに働く人びとである。そうした人にとってここは職場である。職域空間としての性格と、そこに流れる時間とは、訪れる人の意識とまったく異なっている。幻想的な空間において楽しみたいという客と、楽しませたいという働く人の意欲とが合致している場合にはまったく問題がない。しかし、あまりにも仕事に忠実で、利益の追求に熱心になりすぎると、客との間に落差が生まれ、さまざまな問題が生じてくる。不明朗な会計などというのがそれである。「楽しみたい」と「稼ぎたい」という二つの時間のせめぎあいである。

だがいつまでも人びとはこの幻想的な空間にとどまることはできない。翌日の仕事に備えて帰宅しなくてはならない。その時間的な目安が終電車である。少し離れたところに帰る人は当然早めにこの盛り場空間から離脱することになる。それでも家に着くと間違いなく時計は翌日になっている。午前様のお帰りである。この終電車の空間内には濃厚に盛り場空間が侵入している。帰路の電車にもさまざまな空間が混在しているが、終電車にはとりわけその傾向が強い。

しかし盛り場空間からの離脱は容易ではない。幻想的な空間の持つ精神の弛緩作用は、異なる空間の時間の存在を忘れさせる。人工的な光の世界は、時間の推移を感じさせないのである。終電車の発車時間というような、公の時間はここには入り込みにくい。ハッと気がついたときにはとっくに電車はなくなっている。そのまま駅のホームのベンチにごろ寝などという姿を土曜日の朝などに見いだすこともある。だが翌日の勤務を考えると、しかたなくカプセルホテルに泊まるか、あるいはタクシーで帰宅することになる。終電車が発車してからの一時間から二時間くらいがタクシーの稼ぎ時だという。ここにも夜に働く人がいる。近くに帰る人よりも、ロングなどと呼ぶ長距離の客を乗せようと、盛り場空間に集まってくる。

盛り場としての都市

こうした盛り場は、物を生産するところではない。むしろもっぱら消費を目的とするところである。しかもそこで購《あがな》うものは物質的なものではなく、飲食物を含んでいたとしても、むしろ精神的あるいは気分的なものである。ことによると幻想的なものであるということもできるであろう。

バーやクラブ、あるいは居酒屋で飲む酒も、それは酒であって酒ではない。そこで「おふくろの味」と呼ぶ家庭的な料理も実は料理ではない。居住地空間や職域空間、あるいは現実の生活において、口にするものと同じように見えてまったく異なるものである。それには大勢の不特定多数の人びとが消費することができるように、さまざまな味付け、色付けがなされている。それは高級感であったり、いかがわしさであったり、性的スパイスであったりする。またより庶民的というベールをかぶせてあったりする。

そこに何かを求めて訪れる人びとの、すべての要求に出来る限り応じようとする。そのために盛り場にはさまざまな空間が出現する。いわばその色付け・味付けごとに一つの世界・空間が設定されるのである。同じ飲み屋でも、同じ食べ物屋でもそれぞれに装いを凝らす。最もその装いのなかで目立つものが性的スパイスを利かせたものである。色とりどりの女性・男性をそろえ、ついにはスパイス専門のいわゆるフウゾクと呼ばれる店もそれぞれの世界を主張する。

もちろん性を売り物とする店や空間の存在は、今に始まったものではない。都市的空間においては古くから存在していた。江戸の吉原、京都の島原、大阪の飛田などは特に名高い。そうした遊廓と呼ばれた空間の存在が否定されてから、それらは個々に解消されて盛り場のなかに分散した。そして酒と結びついたり、覗《のぞ》いたり、声を聞いたり、ビデオを見たり、マッサージをしたりとその展開は多様、雑多である。

このようなそれぞれの装いの世界は、「店」という一つの空間に閉じ籠められて、一つの建物のなかにいくつもいくつも累積されている。訪れる客はいずれの世界にも入ることができる。そこは現実の世界であって現実の世界ではない。それを現実の世界のなかにもちだし、あるいは他の世界のなかに混入させることは許されない。幻想の世界に一時陶酔するのである。ただそうした世界を演出する、そこに働く人びとにとってはまさにそこは現実の世界である。そのような、重層し、他の空間以上に異質な空間が累積している空間が盛り場空間である。

都市の生活は多様な機能を分化させるとともに複雑になり、さらに新たな機能を創造するために、人びとは一ヵ所にとどまることを許されなくなる。常に変化することを要求される不安定さのなかで、それをいっとき忘れ、新しい世界を幻想するためにより強い刺激を求めようとする。そのために客と迎える側とは不断の刺激と変化とに対応しなければならなくなる。そうした両者が創り出すこの相互作用が盛り場の活気を生む。

したがって、この変化と刺激との関係は盛り場空間におけるあり方だけではなく、都市そのもののあり方でもある。都市は停滞を嫌い、つぎつぎと新しいものを取り込み、創り出し、肥大化してゆく。それが都市の発展と考えられ、都市は変化しなければならないものとされる。その姿は大地を耕し、自然の影響に大きく左右される村の生活とはまったく異なっている。

村の生活においては変わらないことが求められる。それは決して停滞ではない。安定である。もちろん生活がまったく変わらないなどということはありえないことである。より良い生活を求めて人びとは工夫する。しかし村の生活においてはその変化は自然という、人間の力ではどうすることもできない存在によって限定されている。大きな変化は自然に逆らうことになりかねない。それによって生活が破壊される恐れも考えられるのである。

しかし都市は、できるだけ自然の影響力を排除し、むしろ利用しようとする。いかに利用し、いかに新しいものを創り出すかが、都市の生活を維持するために求められる。ただそのとき、まったく新しいものを創り出すのではなく、従来の生活や文化を踏まえて創り出そうとする。人びとが両者を連想で結びつけることができる形で拡大し、文化の連続の上に創り出すのである。時には言語遊戯的に、時には形態の類似によって連想される。パイプが並べられているだけであっても電車の「網棚」であったり、垣間見《かいまみ》の伝統の上に「覗き部屋」があったりする。また、「私はこれで会社を辞めました」と小指を示すだけでその理由が理解できたりする。人びとは、そうした文化の連続の上で刺激を受け止め、新しい生活文化の創造に努めている。このような都市の文化のあり方は和崎春日が都市祭礼に見出した「雪ダルマ」論と同質のものである（和崎春日『大文字の都市人類学的研究』刀水書房、一九九六年）。

眠らない人びと

盛り場には独自の時間が流れ、働く人と遊ぶ人との両者が入り乱れて存在し、生活において夜と昼との区別は他の空間ほど明確ではない。都市の生活の多様性のなかで、いっせいに働く時間が定まっているという状況ではないからである。だがそれは盛り場だけの状態ではない。

ＮＨＫ「一九九〇年国民生活時間調査」によれば、平日においても眠っている人が一〇〇％になる時間はない。一五歳から一九歳までの男性がもっとも多く眠っているのは午前四時から四時四五分までで九六・三％である。同じ年代の女性では午前四時から四時一五分までの九七・一％である。これが二〇歳から二九歳までの男性になるともっとも多く眠っているのは午前四時から四時四五分までの九四・六％であり、同じ年代の女性では午前四時一五分から四時三〇分までの九八・二％である。土曜日における二〇代の男性は、午前四時三〇分から五時までが眠っている人のもっとも多い時間であるが、それでも九三・二％である。

この調査によれば、眠っている人のもっとも多いのは午前四時台である。この時間に起きている人びとのうち、在宅しているのは二％から三％の人だけである。したがってほとんどの人は外出しており、これらの人びとのなかには仕事をしている人がかなりいるはずである。また、かつては草木も眠った丑三つ時にはまだ一割以上の人が起きている。午前一時台には二割から三割近くの人が起きている。そして、それらの人の一〇％から二〇％の人が家にいる。

ちなみに、文部省が行った「健康サーベイランス調査」においては、平均就寝時刻は小学高学年で午後一〇時、中学生が午後一一時一〇分、高校生が午前零時であったという（『朝日新聞』一九九六年七月九日）。この数字は全国平均であるが、やはり夜遅くまで起きている様子を知ることができる。

こうした数字を見ると、盛り場空間の幻想の世界が夜を排除しているだけではなく、職域空間にも、居住地空間にも眠らない夜が存在していることを知ることができる。職場から眠るためにだけ帰ってくるなどといわれた家庭にも、眠らない人がいる。それは受験勉強に励む子供であったり、テレビゲームやパソコンにしがみついたり、あるいはテレビやラジオの深夜番組を聞いている若者であったりする。事実、静かに寝静まった住宅街の家の窓の灯が、一晩中ついていることは珍しいことではない。都市における多様な生活のあり方が、夜のあり方をも変えてしまったのである。

さらに、夜起きている人が多くなるとそのような人のために終夜営業の店が出現する。土曜日の夜の映画館や、喫茶店など、終夜営業の店は昭和三十年代にもあったが、それらは時間を過ごすためのもので、日常生活と必ずしも深く結びついたものではなかった。コンビニエンスストアーの存在は、そのようななかで大きな役割を果たした。はじめは深夜と早朝の営業という、営業時間の延長であった。それでも宵の口には店を閉めてしまうそれまでと比べると大変都合はよかった。だが、それは間もなく終夜営業になった。それだけ夜に眠らない人が多くなったということである。

かつて、夜に買い物ができる店は「夜店」といって特別の存在であった。そうした店は常店ではなく、縁日などに臨時に開かれるものであった。夏の夜などを彩る風物詩としての存在であった。しかし、生活が多様化した都市においては、普通の日の夜も買い物の必要が生まれてきたのである。主婦は朝食などの翌日の準備のために、若者たちは夜食を買いに、あるいは勉強や遊びに疲れて、ふとコンビニに足を運ぶ。そこには生活必需品ばかりではなく、雑誌や本などもおかれている。一晩に一回は足を運ばなければ落ちつかないなどというものも出てくる。そこで「夜のオアシス」などといわれることにもなる。

もちろん深夜・終夜営業の店はそれだけではない。雑誌などでもそうした情報を特集することがある。そこでは東京における深夜営業の店として、まず娯楽編と生活編とに分け、娯楽編には次のような職種の店を上げている。インターネットカフェ・レストラン、カフェ・喫茶、映画、銭湯、リラクゼーションスポット、生活編として書店、CD・レコード、美容院、フラワーショップ、スーパー、ビデオショップ、薬局、マンガ専門店、ケーキ店、さらに深夜SOSダイヤルとして夜間タクシー配車、紛失一一〇番、スペアキー、排水処理、夜間緊急医療受付、自動車・バイクの故障をあげている（『マンスリーウォカー』二―六、一九九六年）。多様な職種が都市の夜を支えている。それは同時にいかに夜に活動している人が多いかをも示すものである。

異界の復活

夜はこうして人の生活世界に組み入れられてきた。それは夜の世界に人の世界が侵入することでもあった。日の出とともに起き出し、日暮れとともに家に帰るのは自然とともに生きたかつての生活パターンであった。特によく働くものだけが時に暗いうちに野良に出て、星をいただいて帰ったのである。しかしそれは、昼と夜との境目である、かわたれ時・黄昏時《たそがれどき》あるいは逢魔ケ時《おうまがとき》を越える行為であった。アズキトギやウブメに逢う危険性はあった。そこは人ならぬものの世界を覗き込むことができるところでもあった。

しかし、都市の明かりはそうしたものの世界の存在を許さなくしていった。「彼《か》は誰《たれ》」と目を凝らしてもはっきりしない暗さはいうまでもなく、闇の世界は人の生活を妨害するものとして、克服すべき存在であった。夜の光の増大は人の生活世界の拡大であり、人の自然に対する優越のシンボルであった。すべて隠されたものを闇の世界から引きずり出し、その正体を暴《あば》くことがよりよい生活を営むことの条件とされた。

幽霊は実は枯れ尾花であり、人魂（火魂）は実験室で造り出される存在になった。世界は人が支配するこの世界だけになった。そうすることが進歩であり、文化の先端にある都市の使命でもあった。だが光は闇があってこその光であった。どこでもいつでも同じような光の遍在する世界では、それと対置されるものはない。したがって両者との関係においてとらえ、認識していた自身の位置を確認することが困難になる。そのためにあえて異なる世界を創りだそうとする。

それは「魔界都市」とか「後世《ごせ》」とかというフィクションの世界であったり、「汚れたファーストフード」とかという世間話の世界であったりする。だが、そうした空間はまったくの架空の世界だけにとどまってはいない。いずれも現実の空間に比定できる場所に異質性を見い出している。子供たちはもっとも近しい空間である学校のなかにさえ、人を脅かす異質な空間を創りだしている。また、子供たちは自分の世界と相いれないと感じると、その者とのあいだにバリアを張って即座に異なる世界の存在にしてしまう（京馬信子「子どもとケガレを考える――エンガチョを中心に――」『民俗（相模）』一三四・一三六・一四〇）。駆逐したはずの闇の世界をそうした形で復活し、それを通して自らの存在を確認、主張しようとする。

そうした人びとの意識に応じて都市もまたさまざまな世界を作りだそうとする。遊園地もテーマパークも創られた世界である。ただそこは闇の世界ではない。あくまでも明るい光のなかでの異界である。だが、そうした中に「お化け屋敷」などが作られている。また、盛り場も、その風俗的な先端性による異質性を強調し、それなるがゆえに闇の世界としてもとらえられる。さらに行政的な組織のなかに闇の世界を設定することもある。われわれの感覚とは異なるという認識によってそこに異界を見るのである。すべてを明らかにしなければならないという欲求が、かえって異界を作りだしているということもできる。都市はこうして異界を再生産しているのである。したがって都市の異界は村落意識の連続や、土地の記憶としてだけではなく、時代の最先端として作りだされているのである。

妖怪の復活

現代の異界が都市とともにあり、都市の異界が時代によって生み出されるものであるなら、その世界に存在するものもまた都市が生み出すことになる。異界に存在するものを異人と呼ぶのなら、外来の人びとを集めた都市には昔から異人は多かった。それは具体的な実体をもった存在と、フクロカツギなどという伝承文化としての存在とがあった。ただこれらは明確に区別されるものではなかった。鎖国が解かれて文明開化を経たのちも異人は存在し、赤い靴を履いた女の子は異人さんに連れられて異国に行ったのである。そこは目の色が変わってしまうような世界であった。現実と文化としての異界とが交錯する世界である。

そうした異界の存在が都市に出没するようになったのは新しいことではない。平安京に出没する鬼の存在はよく知られているし、百鬼夜行《ひゃっきやぎょう》についても多くの関心が寄せられている。また、新しい異界の存在もさまざまに把握されている。しかしこれらは超世代的な伝承性との関係によってとらえられた妖怪である。そうした妖怪は闇の世界が否定されることによっていったんは姿を消したようにみえた。

光の世界のなかに姿を没していったものも完全に死滅したのではなかった。細々と、姿を変えながらも生きつづけていた。そうした存在が、再び新たな生命を得てこの世に姿を現すことができたのはテレビというメディアの影響が大きかった。大人たちはかつての、いったん姿を没する以前の妖怪と交流があった。しかし、闇の世界が駆逐されたのちの生活しか知らない子供たちには、はじめて出会った闇の世界であった。それは、合理的な考え方によっては理解できない不合理な世界である。だがそうした世界の存在を、子供たちはむしろ積極的に取り入れていった。光だけの平板な世界に疲れていたのであろうか。精神を開放し、空想を楽しむもう一つの世界の存在をここに発見したのである。

それはある意味ではテレビゲームやパソコンの世界と同じであったのかもしれない。ただ異界は、どのようにでも変化することができる自在性と、歴史の厚さとがある。文化としての深さと、世代を越える共通の意識のもとに存在するものであった。それは常に身近に存在している文化とかかわっているがゆえに、大人や社会をも巻き込むことができる存在である。子供が平板な世界に疲れていれば、大人たちもやはり光だけの世界に疲れているのである。理屈ではない感覚の世界で息を吹き返した異界は、この世にさまざまな異人——妖怪を送り込んできた。

かつて全国を席巻した口裂け女に始まり、人面犬・人面魚などに至る騒動はその最たるものである。また、外国人が犯罪を犯すという流言蜚語も、この異界意識と無関係ではない。現実には人の姿をとりながら、この世のものではない世界を背負っている。そうした世界を否定しながら、その一方で異なる世界の存在を積極的に創り出そうとする。自らが光の世界に住んでいるがゆえに、その世界の存在しかイメージできない。しかしその背後に異界の存在を見ようとする。そこにさまざまな現代の妖怪が出現する理由がある。

あるいは、複雑多様な現代社会が、自らの理解を越えたところに、異なる世界の存在として妖怪を認めようとするのかもしれない。それはある意味で、現在の自分や社会に対する不信感の投影であるということもできる。

都市の一年

生活のなかの時間

われわれの行動は、過ごす空間によって規制されている。たとえば、居住地空間にあっては家族に、職域空間にあってはその仕事に、相応の制約を受けていることは、実際に体験している。そうした空間のもつ機能の存在は、日々の生活を秩序立てている条件の一つである。しかもその空間のあり方は多様で重層的である。人びとはそれらの空間の間を移動することによって生活している。そしてその空間内に滞在している時間は、個人個人によって異なるが、たとえばそれは始業時間とか、八時間労働とかという「時間」と深くかかわっている。いくら辛い仕事でも退社時間がくれば一応は区切りがつけられる。もっと飲んでいたくても閉店時間になれば追い出される。

もう一分と思っても、発車時間がくれば終電車は発車してしまう。そうした「時間」は、生活の内容や個人の行動とはかかわりなく、ともかく時計の針とともに一直線に進む時間である。感情の入り込む余地はない。そしてそれらの時間は決して後戻りをすることはない。

われわれがごく自然に「時間」といったときに想像する時間は、こうした時間である。それは、地球の公転と自転とを基準にして創り出され、国際的な標準時を示すものとして創り出され、時計という機械で計ることのできる時間であるから、これは物理的な時間といってもよい。基本的にはこの時間は時空を越えて均質である。一時間は六〇分であり、一分は六〇秒である。それは昨日も今日も同じはずである。オリンピック競技で新記録が出たということが分かるのは均質だからである。そして、こうした機械で計ろうとする時間は、過ぎ去るだけの時間である。それは、機械で計ることはできても、機械とは無関係にながれ去る時間でもある。たとえば議会の会期が過ぎそうだからといって議場の時計の針を止めたり、戻したりしてもとどまらない時間である。「少年老いやすく　学なりがたし　一寸の光陰　軽んずべからず」という時間でもある。

待ち合わせの時間を決めたり、期間を定めて契約をしたり、他人と約束ごとをしたりして、異なる体験をもつ人びとが社会生活をすることができるのは、この時間の存在を認めるからである。したがって、個人個人の事情や感情にかかわらず時を刻むこの時間は、「絶対時間」ということができる。当然それは、実年代を伴うものである。契約書や記録に記される時間である。それなるがゆえにこの時間はただ一度きりの時間なのである。われわれはそうした時間に追いかけられ、あるいはそれに拘束されて生活している。

しかし、「時間」はそのような時間だけではない。時計を使わなくても計れる時間がある。かつて、春先、山に消え残る雪型や咲きだした草木の花を農作業の目安とし、これを自然暦などといったのは、自然の変化によって時の推移を計ろうとしたのである。それは何も農村に限ったことではない。桜の開花宣言などは都市のなかに見られる自然の変化をとらえようとするものであり、それによって季節を意識しようとしている。白いブラウス姿や、ノースリーブのワンピース姿に夏の到来を意識する。店頭に柿が姿を見せることによって秋を感じる。各地からの初雪の便りは冬のはしりである。それは時計とは異なる時間であるし、生涯ただ一度のことではない。季節とともに展開する生活は、繰り返される時間の中で営まれるのである。「今年ばかりの春ゆかんとす」という嘆きは繰り返し訪れる春と、そこに営まれる生活の存在が前提である。

あるいは、朝起きる時間、昼飯時などというのは、時計を見なくても知ることができる。毎日の生活のリズムのなかで、決まって行われる行為については、たとえば「腹時計」などという「時計」によって、だいたい同じ時を知ることができるのはごく普通のことである。外国旅行などによる時差ぼけはこうした時計の狂いの結果である。このようないわゆる体内時計によって計ることのできる時間は生理的な時間といってよいであろう。これは機械の時計で計る時間のように、時空を越えて均質であるというわけではない。しかしたしかに時を知ることのできるものである。

習俗の時間

われわれの生活はともかくも過ぎ去る時間の制約のなかで営まれる傾向が強い。一過性の時間と生活は、「這えば立て、立てば歩めの親心」と、子供の成長や、自らの老いとかかわっている。たとえ繰り返す季節の生活でも、昨年着たセーターは今年はもう小さくなって着ることはできないという現実がある。もちろん流行遅れということから、年々新しい物を買わせられるという事情もある。生活は時とともに変化するのである。そして変わること、変化することこそが期待され、それが望ましいこととされる。

そうしたなかに、できるだけ前例にならう、もしくはならうことが望ましいとされるものもある。「古式に倣う」とか「古式豊かに」などと称されるものである。それは現在では宮中の儀礼であったり、神社や仏閣の行事、あるいは伝統芸能などについてのみもちいられる表現である。しかしともかく、そこには直進する時間とは異なる時間の存在を認めることができるであろう。たとえば時代祭りでは、そこに「平安絵巻」を出現させ、見物人はそこに「平安時代」を見ようとする。その限りにおいて、そこに「平安時代」が出現したのである。たしかにイベントにおける「平安絵巻」は再現されたものであり、誰もがそれが平安時代そのものであるとは思っていない。だが、できるだけ平安時代らしさを再現しようとし、見物人も平安時代の再現を期待する点からすれば、時間の流れを逆転させようとしているのである。

それも変化のない生活のなかに変化を招来する試みの一つではあろう。それにしても祭りと称し、毎年行われるとすれば、その時には一時的にせよ時間は進行を止め、平安時代に帰ろうとするのである。神なき祭りはイベントであり、信仰的な祭りとは異なる。そうしたものであってもわれわれは、感覚的には時計の時間をとどめようとする。信仰としての祭りは、神と場を共有し、人と神とが交流する機会である。神を祭るもののほかに見物するものが出現することによって祭礼が生まれた、とは柳田国男の指摘である（柳田国男

『日本の祭』弘文堂、昭和十七年)。それでもこの時には皆、普段の生活とは異なった生活を行う。仕事を休み、晴れ着を着、普段は食べないごちそうを食べる。神を祭る人は祭るために身を清める。そうして神は、祭りの場に降臨あるいは来臨する。その神は祭祀の始原において出現した神と同じ神である。始原において祭った神を、その時に祭ったと同様に祭ろうとする。したがって祭りのたびに時間は始原に戻ることになる。

M＝エリアーデは、宗教的人間にとっては空間も時間も均質的恒常ではないという。宗教的人間は祭儀の助けをかりて通常の時間持続から聖なる時間に移行するが、この時間は本質的に逆転可能であり、それは本来再現された神話の原時間なのであるという。つまり、聖なる時間は回転的・可逆的・神話的な永遠の現在であるというのである。そして、古代文化の宗教的人間にとって、世界は年ごとに更新される。世界は新しい年が来るたびにその原初の神聖性を取り戻す。歳は閉じた環であった。それは始めと終わりをもつが、しかしまた新しい年として再生しうる特性をもっていた。新年のくるたびに一つの新しい、清らかなそして神聖な——未だ使い減らされていない——時が成立するのであったという(風間敏夫訳『聖と俗——宗教的なるものの本質について——』法政大学出版局、一九六九年)。現代のわれわれはなかなか神話の原時間の再現という認識をもつことは難しいが、それでも使い古された時間が新しい時間に更新されるという感覚はそれほど異様ではない。

　今日は昨日の失敗を取り返すことのできる新しい一日であり、一夜明けるとそれはすでに新しい年——新年——であり、空の色すら真新しいのである。まさに時間の更新である。その新しい時の訪れを祝ってさまざまな儀礼が行われる。それは新しい時の訪れを祝うというより、新しい時の訪れを願ってといったほうがより正確であろう。通常の直進する時間持続を断ち切り、新しい時間を出現させるためには、それなりの作法が必要である。そのために行われるのが儀礼である。エリアーデ流にいえば宗教的人間になるための作法であり、儀礼である。かつて今以上に自然の恵みを期待せざるをえなかった生活においては、自然の変化にも敏感であった。その自然の変化はまた人びとの生活と人生とを象徴するものであった。

　芽吹いた草木は花開き、葉を繁らせ、実を付ける。そしてついには葉を落として枯れ果てる。しかし霜や雪に覆われていた大地がその姿を表すと、再びそこには草木が芽吹いてくる。生命の復活であり、新しい時の始まりである。それは月の満ち欠けに命の復活を見る視線と同じである。農耕を基幹産業とする村の生活においては、この時のリズムが順調であることが豊かな生活を保証することになる。そのリズムが順調であることを神に祈願し、あるいは感謝を捧げる。それが祭りであり、かつての正常な秩序を再現するための儀礼である。それはとりもなおさず原初の時間の再現である。

それとは別に稲の生育・変化に人の命のあり方を重ね、そこに循環する人生を考えようともする。「稲が発芽→成育→結実→枯死→種子化の過程を循環的にくり返すには、種子が再生する源泉としての霊的な力の存在が前提となる。その再生原理としての種子の霊力は、人間自身が営む一生と根を同じくするものであった。すなわち出生→成人化→婚姻→出産→死→祖霊化という形において経験するところの一生の過程である。この一生の過程は一年を単位とする稲の一生の過程を拡大したものに他ならない。人もまた稲と同じくその霊魂は再生するのである」（坪井洋文「ムラ社会と通過儀礼」『村と村人――共同体の生活と儀礼――』日本民俗文化大系八、小学館、一九八四年）。つまり霊魂の再生により、人はまったく新しい時を生きようとするのである。いわゆる生まれ変わりの思想であるが、これは現在においても小説やテレビドラマ、あるいはマンガなどにも見ることができる。そうしたジャンルでしか取り扱えないということかもしれないが、しかしわれわれがこのようなものに共感しうるということ自体が、循環する時間の存在を保証しているということでもある。

このような循環する時間は、時空を越えて均質な、直進する時間とは性質を異にするがゆえに、伝承的な習俗の時間として、儀礼を伴って存在することが多い。少なくとも、それらとかかわる形で見いだされることが多い。そのもっとも代表的なものが年中行事である。

年中行事から見えるもの

年中行事とは普通「毎年同じ暦時に同じ様式の習慣的な営みがくり返されるような伝承的行事。ただし、個人としてではなく集団ごとにしきたりとして共通に営まれるものでなければならない」（『日本民俗事典』弘文堂、一九七二年）と考えられている。このうち後半のただし書きの部分は民間伝承としての基本的な性格にかかわるものであり、年中行事の内容的な性格としては、暦の存在と繰り返される伝承的行事、つまり儀礼ということである。

このような観点によって把握される年中行事にかかわる時間は、聖なる時間、つまり非日常的なハレの時間ということになる。通常のなんのかわりばえもしない日常生活、それはケの日常的な時間が流れるときであるが、そうした生活を区切って、生活にアクセントをつける日である。ケの生活が生産活動など仕事に従事するときであるとすれば、仕事をしないときが非日常的なハレの時であるということになる。したがってそれは多く休日であり、その時には儀礼が行われることもあり、信仰にかかわる機会でもあった。そのため、このときに伝承的・習俗的な時間がもっともよく現れていると考えられた。

それではこうした年中行事と呼ばれる時間を対象として、日本の民俗文化・基層文化の何が明らかになるのであろうか。日本民俗学の学史的展開のなかに見られる考え方を整理してみよう。柳田国男は年中行事を研究対象とすることは「単に日本の昔の人達の信仰を見つけるといふに止まらず、或いは是によつて宗教史の社会的説明、即ち宗教の起りを各個人の胸の中ばかりに求めようとしたのは誤りで、外にも共同生活の経済上の事情に、群の信仰の発生すべき原因があつたことを証拠立てる道が開けるかもしれない」と指摘する（「民間暦小考」『北安曇郡郷土誌稿』三、昭和六年）。これは日本人の宗教および宗教の起源を明らかにするための年中行事研究であるということである。この視点は、日本人の民俗的生活文化の信仰的側面を重視したものということができる。

しかしそれだけではない。さらに「年毎に繰り返される折り目は殊に村の一年の生活を通じて極めて重要なる一つの区切りであり、従つて一年間の労働の配置や生産力の各時代の消長の跡を尋ねるのに極めて重要なる事実であり、我が民族の経済生活を知る貴重な資料である」（柳田国男・関敬吾『日本民俗学入門』改造社、一九四二年）ともいう。これはいわば日本人の経済生活を知るための手段ということであって、経済的側面をも認めたことになる。宗教的側面は文化のハレの部分に相当し、経済的側面はそれを支えるいわばケの部分に相当することになる。ケとは平常現象（日常）であり、ハレとは異常現象（非日常）であるとするのは柳田国男の指摘である（「民間暦小考」）。

桜田勝徳は柳田の見解をほぼ踏襲しながらも新たな側面を指摘する。すなわち「調子の低いふだんの日がいつも続いていて、ときどきこうした派手な消費を満喫する調子の高い年中行事が織りこまれ、そこに一年の生活のリズムが奏でられたわけであり、一か年を一めぐりとする生活文化の構造も、これを軸として織り出されてきたといってよいであろう」（関敬吾編『民俗学』角川書店、一九六三年）というのである。ここには時間的展開がハレとケとの交錯であることを踏まえつつ、それを通して生活文化に関心を寄せている視点を見いだすことができる。ハレ、もしくはケという相異なる二つの性格をもつ時間のどちらかだけを見ようとするのではなく、その二つの時間のかかわりのなかから生活文化そのものを把握しようとするのであって、総合的な視点ということができる。

和歌森太郎は年中行事を生活のリズムととらえる。かつて一年というのは各人の農業過程の全体ということであり、生活があって暦ができたと考える。そのため自然暦―生産暦—民間暦という年中行事の関係ができたと考えるのである。すなわち「自然暦が生産暦を規制し、その生産暦に応じて年中行事がきまる。これが人びとの単調な生活過程にリズムをつけてきているのである。そこに生活の秩序がたつ。この秩序の中に生きることは一種の技術でもあり、それが文化遺産として前代から後代へと引き継がれ伝承していく」という。ハレとケの織りなすリズムであり、秩序である。しかし本来自然の推移をもとにして作りだされたものであるから、季節感・自然観を明らかにするのに有効であるという。「年中行事は、日本人の季節感の実践的表現だともいえるのである。年中行事を調べていくと、日本人が季節感を生活の上にいかに結び付けて来たかもわかるであろう。だから年中行事を通じて日本的な自然観がいかなるものであったかもしれる。またこれが祭祀物忌の日であったことから、日本人の固有信仰がどういう特色を持っていたかも知れるのである」というのである（『年中行事』至文堂、一九五七年）。

つまり、年中行事というのは、ハレとケという性格の異なる時間の交錯によって展開するものであって、まずはそのハレに重点を置くことによって信仰的側面が強調される。ケの状態を明らかにしようとする問題意識もじつはハレの側からの視点である。儀礼による時間の展開によって経済生活を明らかにしようとするからである。こうした視点に対してハレとケとを等分に見ることによって生活文化・民俗文化を明らかにしようとするものがある。それが年中行事のリズムに注目するものである。そのリズムによって生活構造や季節感・自然観を明らかにしようとするのである（図6）。

もともとハレというのはケという状態があって成り立つものであるから、ハレばかり見ていても、民俗的時間の展開を的確に把握することはできない。ハレを際立たせるものとしてケを十分に重視しなくてはならない。そうした意味からもハレとケという時間の性格にのみとらわれずに、民俗的な時間の展開を把握することはできないであろうか。特に、都市の生活を対象としたとき、村落生活に流れる時間とは異なる時間の把握も考える必要があろう。

図6　年中行事に対する視点

生活暦の役割

従来の年中行事研究は多く農村を中心としたムラの生活文化を対象としていた。それは生産活動と結びついた生活の存在が前提であった。だが、現在、そうした第一次産業に従事する人びとの割合は減少の一途をたどっている。マチに住む人が相対的に増加し、日本人の生活スタイルは変化し、当然生活のリズムも異なってきている。そうした人びとの時間認識や、生活リズムはどのようにして把握できるだろうか。もちろん、生活形態や外形が変化すれば、日本の基層文化も直ちに変化するとは限らない。それは現在でも節供《せっく》や二十四《にじゅうし》節気《せっき》、あるいは干支などに注目したり、仏滅の日の結婚式場の経費が安くなるなどということを見ても容易に理解できる。しかし、生活形態が変わってきていることは事実であり、かつての伝承的行事なども姿を変えてきていることも事実である。

そこで、現在の生活を踏まえて、その日常生活の時間的展開を把握するために、生活暦を考えてみることにする。これは、われわれが営む生活を時間の展開とともに把握しようとするものである。自然暦・生産暦・民間暦などで扱っていたものは当然含まれる。そのほか季節の変化とともに展開する家事や、季節を意識して心持ちが改まる機会などはすべて含まれる。また儀礼といわれるようなものだけではなく、日常生活において大きな比重を占める会社などの職場の生活も当然含まれることになる。そのために空間概念と結びつく伝承母体によって維持・伝承されるものだけではなく、集団としての伝承体や個人がもつ伝承素としての存在が、類型的行為として行うものまでも含むことになる。したがってそれぞれがかかわる分化された空間内の集団とその行為、あるいは個人の行為なども対象になる。

こうした生活の展開を見ると、まずは暦によって時が定められているものがある。暦の支配下にあるものといってもよい。これは基本的にいわゆる年中行事と呼ばれるものと同じものであるが、自然の制約を受けにくい、政治的・制度的なものにかかわる生活もこれに含まれる。つまり、都市的生活を営むサラリーマンなどはまさにこの時間と深くかかわっているということができる。そして経済的生活はこの暦を中心として展開する傾向がみられる。入社・退職・昇給・昇格・給与支給・ボーナス支給、あるいは年度（上期・下期）などというのがこれである。デパートの売り出しなどというのもこれにかかわることが多い。もちろん御中元・御歳暮などというのもこれと無関係ではないし、ボーナス支給の時期ともかかわっている。これはもちろん一月・一年という均質的な時間と関連している。いわば、生活の公の側面と対応する。そして暦による季節は四季が均等に割り振られている。

もう一つは自然とのかかわりである。自然の変化を暦で表す場合には絶対的時間として全国一律の時間によって把握することになる。しかし実際の自然の変化はもっと地域性の強いものである。それは必ずしも暦によって支配されるものではない。たとえば、長野県長野市芋井《いもい》では、一年の経過を草ぼけ・芽吹き時・新緑・草枯れという言葉で表すことがある。「草ぼけ」は草が芽を出し青々としてくる時期で、暦では四月末ごろである。季節でいえば春ということになる。「芽吹き時」は木々が芽をつけはじめる時期で春と夏の中間ということになる。夏の訪れが「新緑」でだいたい六月ごろである。「草枯れ」はアキ(収穫の作業)がすんで冬の訪れを知らせるものである。このほか冬の訪れは十一月二十日のエビスコウとして暦の上の特定の日に固定されてもいる。しかし、そのような暦の知識がなくても、自然の変化によって時を認識することができるのである。こうした時の変化を芋井では草の生えている時期と、草が枯れてしまって生えていない時期とに分け、一年を二期に分けて認識しているということもできる。

都市における生活は、こうした自然とともに時間の経過を意識するものとは異なっている。相対的に自然とのかかわりは弱い。情報発信・政治的中心などという都市の性格によっても、時間の推移は物理的時間によって計られやすい。サラリーマンの生活などはそうした時間ともっともかかわりが深い。しかし、自然とまったく無関係かというとそんなことはない。季節の変化を庭に咲く花や、店頭に並ぶ果物、人びとが着る衣服によって意識する人も多い。それらは純然たる「自然」ではなく、人の手が加わったりしている人工的な疑似自然かもしれない。それは現実の自然と距離をおいているがゆえにいかなるときにも好みの自然を出現させることができる。それが結果として都会では季節が分からないということになるのであろう。しかし、都市生活者がいかに自然や、季節に注意を払い、あるいは季節を先取りしようとしているか涙ぐましいほどである。花を飾り、果物を買い、衣装を変える。そのための情報が店頭にも、雑誌にも、新聞にも、テレビにも溢《あふ》れている。それらが重複し、重層し、結果的には特定の季節が見えなくなっている。都市には季節がないのではない。無秩序にありすぎるのである。

それではそうした都市の時間を通して見られる都市生活者の生活のリズムはどのようなものであろうか。その時間の構造はどのようなものであろうか。

年中行事の構造

かつて、年中行事の構造として関心を集めたのはその双分的構造であった。その代表的なものが正月と盆である。大祓《おおはら》えと水無月祓《みなづきはら》えとを伴って、一年を二分するもので、農耕文化複合とかかわらせることによって、日本の基層文化のあり方に深く関係するものとして注目された。

これとは別に、具体的な年中行事を行事相互間のかかわり方を基準にして整理分類して年中行事の構造を明らかにしたのは田中宣一である。それによると年中行事は次のように分類される。

A　継承・循環的行事群

B　独立的行事群

①対置的行事群（対置的に存在している行事群）

②間歇《かんけつ》的行事群（間歇的に営まれる行事群）

③単独行事（単独で存在している諸行事）

継承・循環的行事群とは「一つの行事が他の月日の行事と共鳴しあい、密接な関わりを保ちながら営まれているものである。個々の行事の完成度・独立度は稀薄といってよく、関連する他の月日の行事と補い合いながら連続しているので、それらとセットにしてはじめて全体の意味が理解可能となるものである」。「独立的行事群とは、継承・循環的行事群に比べて、個々の行事の完結度・独立度が高く、行事相互間が非連続的な行事群である。そのうち①対置的行事群とは、個々の行事そのものは内容的には完結し独立したものであるが、一年間の行事の配置構成の上で、他のなんらかの行事と対置的にとらえることが可能であり、行なう趣旨においてもその行事との類似性を指摘することができるものである」。「②間歇的行事群とは、年間に何回か、月を違えて定期的に繰り返されるまったく同じ行事で、前の行事をいちおう意識して行なってはいるのだろうが、一つ一つは独立し完結したものである」。「③単独行事とは、内容的に完結度・独立度が高く、かつ同じ独立的行事群のなかの対置的行事群や間歇的行事群とは異なり、配置・構成の上からも他とほとんど関連性を有しない諸行事である」とする（田中宣一『年中行事の研究』桜楓社、一九九二年）。ハレの時間的構成をこうした四つの行事群によって理解しようとするのであり、従来には見られなかった視点である。

生活暦の構造

こうした業績を踏まえつつ、より具体的な生活の展開を、ケの時間展開である日常生活をも視野に入れて、生活のリズムをみていこうとするのが生活暦である。われわれは自然の恵みを受けながらも、しかし日常生活はそうした時間展開とは異なる時間をまずは基準とする。生活圏の拡大と多様な生活を貫く時間の必要から、それを公の時間としての暦に求めるのである。暦は循環する構造をもちながら、直進する時間を計るものである。それは日常生活においては自然の時間とはいったんは分離した存在として扱われる。そして一定の時間間隔を計るために用いられる。その間隔は年度という一年を基準とし、月・週を単位とする。一年を越す単位もあるが、そのような場合でも年・月・週を基準とすることが多い。そして、それらを組み合わせた時間の単位で生活が展開する。このような時間はその単位で完結するといってもよい。つまり完結する時間である。サラリーマンなどはこの時間のリズムに従って生活しているということができる。

しかし、家庭生活においてはそうした時間だけではない。誕生日は一年を単位として訪れる時間であるが、その時に家族は子供の成長を確認し、あるいは若かった日を振り返るのである。柱の傷に幼い日とちまきの味を思い出すのも、人びとの生活においてハレの時間が一定の単位時間を越えて共鳴していることを示している。衣服にしても、夏物と冬物とを入れ換えるのは、前の年の冬を呼び出し、夏を翌年までしまい込むことである。そこには前後の時間との連続をスムーズに行おうとする意図が存在する。つまり連続する時間の存在である。このような時間はサラリーマンの生活にもまったくないというわけではない。ただ、日常生活の基本的な時間としては居住地空間に濃厚に見られるということである。このような時間によるリズムはその繰り返される単位時間によって異なるが、やはり暦を基準としていることが多い。それは一年間を単位としたり、年内の特定期間であったり、二つの年にまたがっていたりする。

このような完結する時間と連続する時間は、基本的な型としては次の四つに整理することができると思われる。

A型　単位期間完結型
B型　次年度再現型
C型　年度内対応型
D型　季節再現型

A型は、暦年度・会計年度・学年度などでその年を単位として時間が完結するもので、前年を踏まえることはあっても基本的には連続性が非常に稀薄なものである。この型には一年を単位とするものだけではなく、月・週を単位とするものも含まれる。

B型は、基本的には暦による時間展開に基づくものであるが、その行為も意識も前年を受け、また翌年に連続しようとするものである。歳時暦・生産暦などと呼ばれるハレの時間のリズムはこれに含まれる。また一年を単位とするものだけではなく、月・週を単位とするものも含まれる。

C型は、単位期間を経て連続する点ではB型と同じであるが、コト八日や神去来に基づく行事など、行事そのものが対応して一つの意味をなすと理解されているものが、前後の期間内の同一時間に連続するものである。そうした意味ではB型の特殊型ということもできる。

D型は、明確な日時を示す暦の時間に基づくのではなく、たとえば季節のような時間展開に基づくもので、前後の単位期間内の同一時間に連続するものである。これもまたB型の内に含めることもできる性格をもっているが、その時間が必ずしも暦の時間によらないことをもって、一つの型を設定したのである。また、A・B・Cの三つの型で示すのは従来いわゆる年中行事として扱われてきたハレの時間であり、D型は今までほとんど扱われなかったケの時間に基づくものである。

これらを図示してみよう（図7）。縦の線は月および年を示す。中央の横線は直進する時間を意味する。したがってその横線上にハレあるいはケの時間が記される。その時間に基づく期間がそこに描かれた円あるいは弧である。円・弧が大きければその期間が長いということである。そして円あるいは弧が実線で描かれたのは、実際にその状態にある期間である。弧の場合は横線の上方に実際の期間を示すことにする。それらが意識の上で連続していることを示すために、横線の下方に点線で弧を描くことにする。実線の弧が小さく、それをつなぐ点線の弧が大きいときには、いかに実際の生活では短い時間であっても、そ

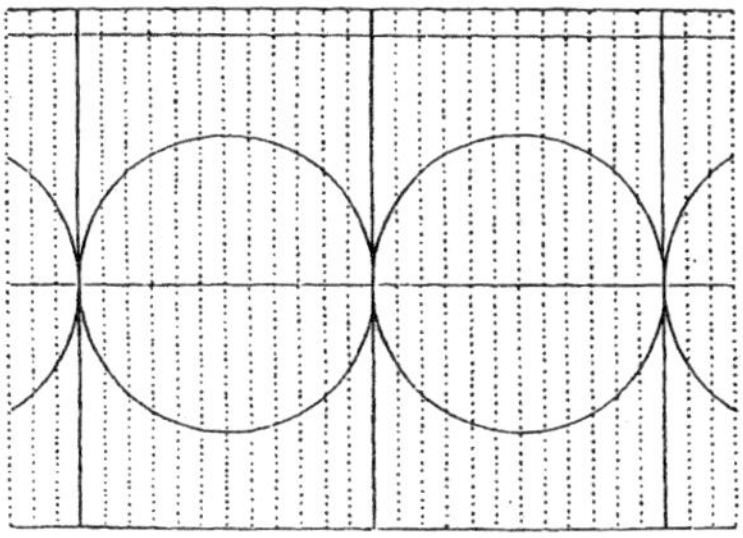

A型　単位期間完結型

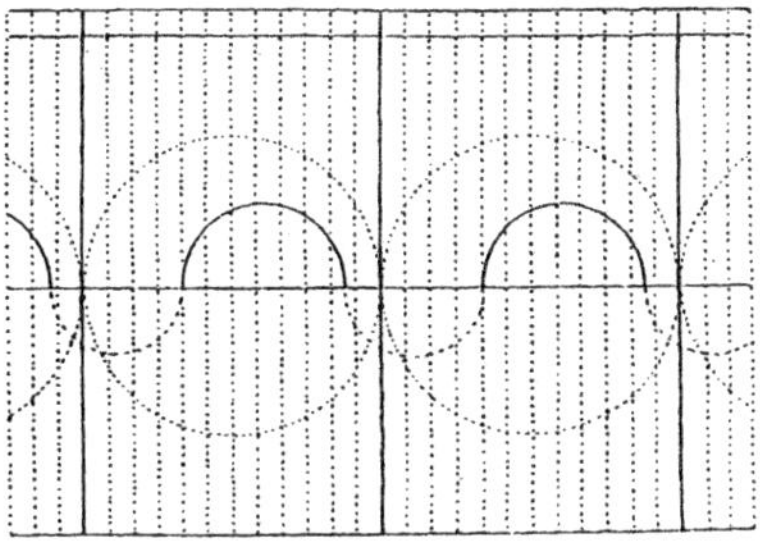

B型　次年度再現型

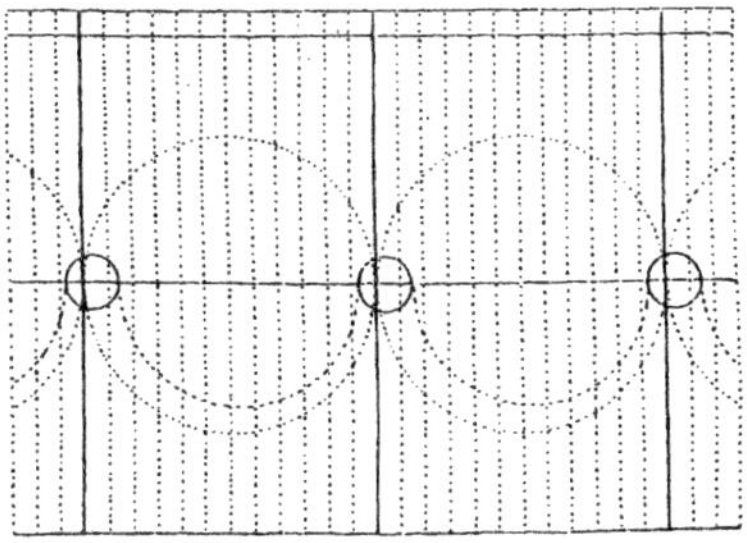

C型　年度内対応型

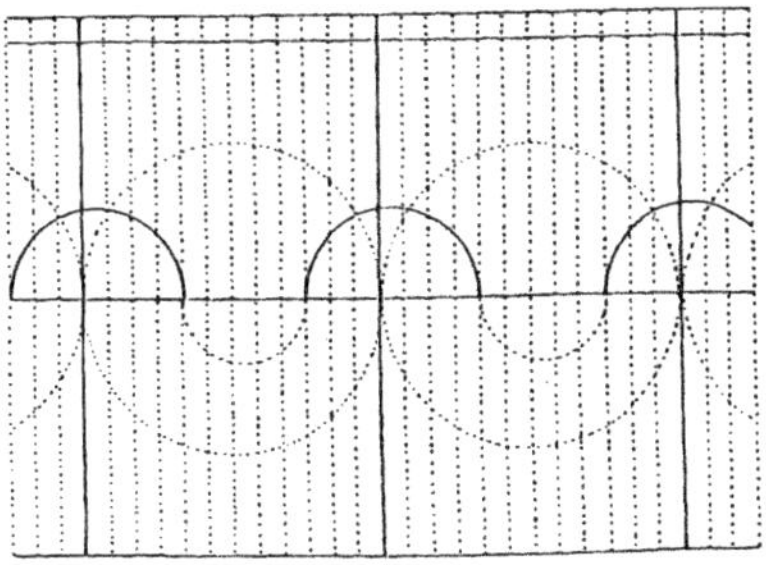

D型　季節再現型

図7　生活暦の類型

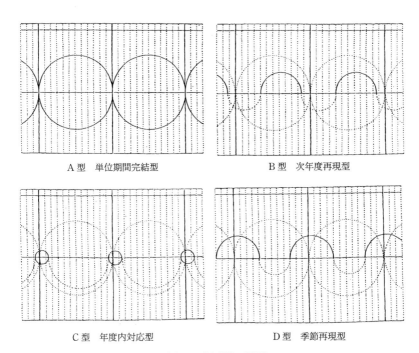

の行為が長い意識の連続の上に成り立っていることを示している。

サラリーマンの生活暦

サラリーマンの生活の大部分は、職域空間において展開されている。家庭においては父であり夫であっても、原則的には職域空間には居住地空間における立場は持ち込めない。それは職場には職場の時間が流れているからである。その時間は一つの組織としてもっとも効率よく仕事をするために創造された時間である。

職場の時間は事業体としての「会社の時間」と、活動体としての「営業の時間」とによって構成されることが多い。「会社の時間」は事業年度として設定され、前年度の決算業務を経て株主総会の承認を得ることが一つのピークになる。そのためこの期間は経理などがもっとも多忙な時期であり、連日残業が続く。Y社における「営業の時間」としての一年は下期と上期とに二分され、下期は販売増加に努める期間であり、上期は次年度事業計画を策定し、下期の営業実績を増大させようとする期間である。こうした「営業の時間」については、それぞれの業種によって目的が定められている。これらの時間はいずれも暦に基づく均質な時間であり、それぞれは完結している。

入社・定期昇給・昇格などは四月に行われ、定年退職などは三月末に行われることが多いので、社員としては「会社の時間」より「営業の時間」のほうが、より親しいものとされることが多い。また夏のボーナスが上期の勤務状況に対して、年末のボーナスが下期の勤務状況に対して与えられるなどとされているので余計にこの営業の時間が切実なものとなるのである。

Y社においては、人事考課が四月および十月の上旬に行われる。人事考課によって勤務評定を行うのであるが、その基礎資料は毎月末に課長が行う考課表の記入と、社員に対する面接によるものである。これは社員の職能調査と呼ばれる。この面接は一年に二回下期始めの四月と上期始めの十月に行われる。

こうした一年単位のものではなく一ヵ月を単位とするものもある。その代表的なものは給料日である。その他課会議や係打ち合わせ、あるいは課長会議などという会議も月もしくは週を単位として開かれることが多い。各月ごとの業績の集計なども行われるが、いずれにしても暦の時間に基づいている。

もちろん会社によっては記念日があり、社内の対抗試合や運動会・文化祭・マージャン大会・ゴルフコンペ、あるいは地域のイベントへの参加などもある。こうしたものもサラリーマンの生活のリズムを作っている時間である。また、会社がその家族を対象として山の家や海の家を開設することもある。あるいは退職したり、転勤したりしたかつての同僚と定期的に集まりをもつこともある。これらは完結する時間としてだけではなく、再現され、連続する意識に基づく時間でもある。したがってサラリーマンの生活暦は、これらの時間の組み合わせによって構成されているということができる。しかし、その基本的な時間は暦に基づく均質な時間であり、完結する時間と組み合わされていることによって特徴づけられているといってよいであろう。つまり直進する時間とのかかわりが強いのである。そうした生活暦を図示するとその均質的な様子がよく分かる（図8）。

主婦の生活暦

それでは居住地空間における生活暦はどのように展開するであろうか。居住地空間の生活の展開ともっとも深くかかわっている主婦の生活の一面を取り上げてみよう。現在では夫婦共稼ぎの家庭も多く、主婦の生活にも「サラリーマンの生活暦」と重なる生活の展開が見られることがあるが、居住地空間に流れる時間の特徴をみるために、専業主婦としての側面から見ていくことにする。

主婦は、その家庭生活において、女性として、妻として、母（姑）として、あるいは嫁としての役割を果たしている。もちろんそれぞれの場面においてそれらを巧妙に使い分けている。それらが統合化されたところに主婦の生活がある。居住地空間における家庭生活

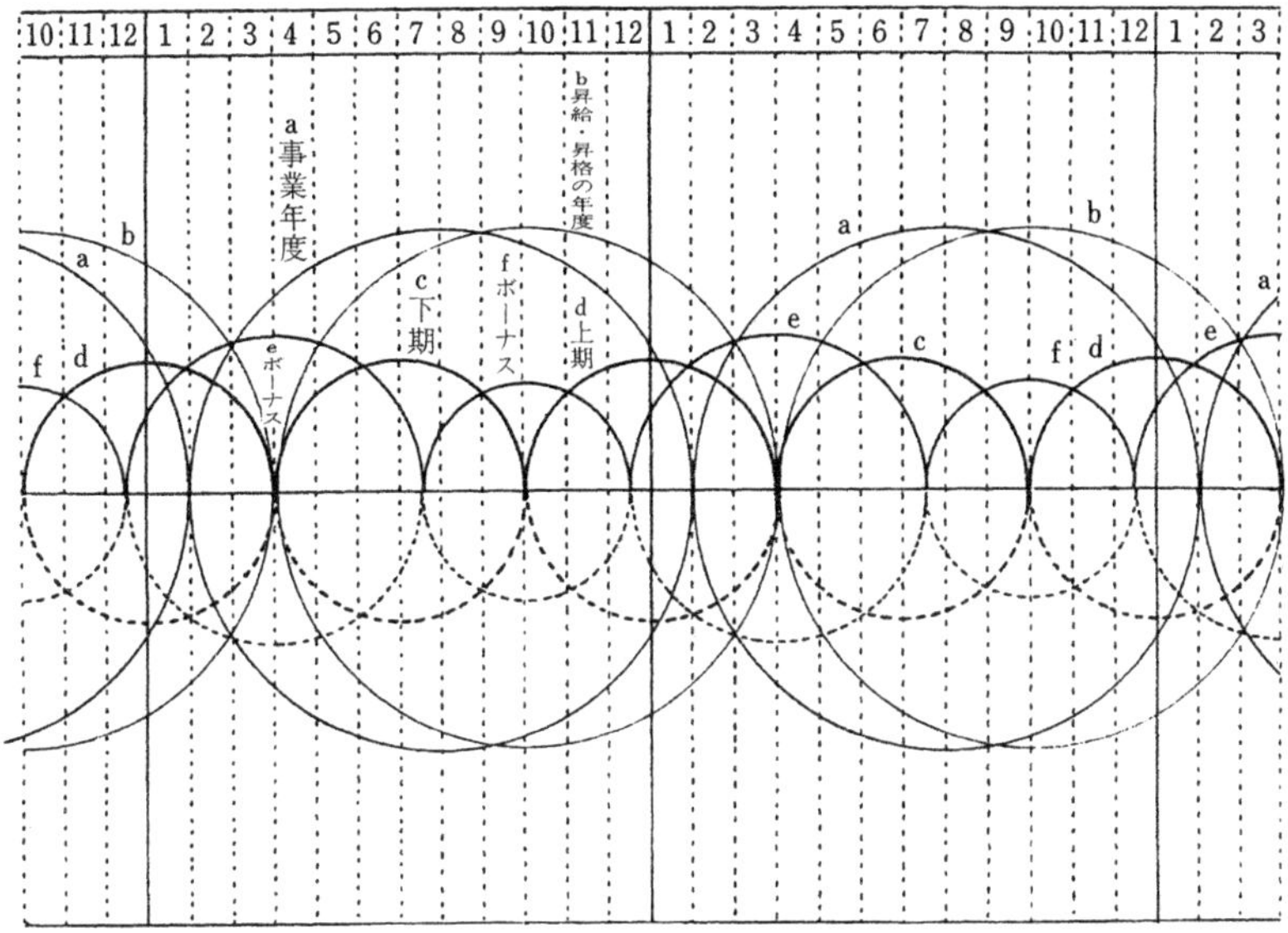
10 11 12 1 2 3 4 5 6 7 8 9 10 11 12 1 2 3 4 5 6 7 8 9 10 11 12 1 2 3
a事業年度
b昇給・昇格の年度
c下期
d上期
eボーナス
fボーナス

図8　会社員の生活暦

の中心的な存在として、一年の生活展開にかかわっている。いわゆる年中行事においてはその準備を行い、衣食の分野においては中心的な役割を果たすが、それだけではなく、親戚との付き合いなどにも重要な役割を果たすことになる。

もちろん、都市における年中行事には農事関係の行事はほとんど見られず、正月・盆行事を除けば節供や七夕など、子供のための行事か、子供が参加するような、子供を主体とする行事が多い。そうした意味では村の年中行事ほどの行事はない。しかし、学校行事が家庭の生活のリズムに大きな影響を与え、入学式・卒業式をはじめ、発表会や授業参観・PTA活動・父母懇談会などに出席するのは母としての主婦であることが多い。また母の日、父の日、家族の誕生日などが家庭におけるたいせつな日になっている。クリスマスなども子供がいれば欠かすことのできない大切な日である。そして二月十四日のバレンタインデーには、夫にチョコレートを贈ることにしている人もいる。こうしてみると都市には都市としての行事が形成されているということができる。ただそれは地域集団としての行事という性格は希薄であり、家庭とか、個人とかという単位で行っているものである。

ところで、主婦の権能の一つとして衣服の調達管理がある。主婦はその時々にふさわしい衣服を家族に着せようとする。あるいはその季節に対応しようとする。それは季節の意識とかかわっている。たとえば東京のYさんは、四月の上旬になると子供の冬物の衣料と夏物とを入れ換える。五月になると大人の衣料も冬物と夏物とを入れ換える。七月下旬に梅雨があけると、子供は袖のない服を着るようになる。十月ころから子供は袖のある衣服を着、夫は冬物を身につけるようになる。ミカンも出回り秋を感じるという。十一月になると子供も冬物の衣服を身につける。しかし、着るものの入れ替えは夏ものほど明確ではなく、しだいに冬物に移行する感じである。十一月中旬に咲く山茶花《さざんか》や、色づいた柿を見ると秋の深まりを感じるという。そして一月中旬には庭に沈丁花《じんちょうげ》が咲き、食卓にいちごが出され春を感じる。二月中旬には菜の花や桃の花も見ることができ、さらに春の意識を強くもつという。

このような季節感は個人差があって、季節を強く意識するものも人によって異なる。たとえば同じ東京のMさんは、二月ごろ八百屋の店先の菜の花を見て春を感じるが、そのほか春を意識するものとしては、桜、芽吹いた畑、生け花のネコヤナギなどであるという。夏は六月ころからアイスクリーム、かき氷、絽の着物、洋服の白によって意識し、秋は九月ごろから栗・果物の存在があって意識されるという。また冬は枯れ葉・オーバー・ストーブによって意識されるという。

それぞれの体験や置かれた状況のなかでそのような感覚が形成されてくるのであろうが、ともかくここには暦を基準とする均質な時間によるだけではなく、もう少し感覚的な時間展開があるということになろう。そしてそこで営まれる生活は常に前後に連続する時間に基づくものであって、完結する時間ではない。衣服を通してみる季節も、図9に見られるように暦による等分された四季ではない。しかも衣服による季節感と、花や果物によって喚起された季節とはずれている。このような個人差が実際には都市から季節感を希薄にしていくのであろう。ただ、それぞれの人は季節にかなりこだわってはいるのである。

図のａｂが衣服の冬であり、ｃは夏であるとすれば、それらのはざまが春と秋であろう。しかし、一月にすでに山茶花などの花に春を感じているとしたら、その時から梅雨明けまでが春（ＳＰ）であるということもできる。また秋（ＡＵ）も十一月の中旬に山茶花や柿で感じているとしたら、冬は十二月のボーナス支給のころからということになろうか。こうして見ると冬が異常に短く、衣服の着用とこの季節感とが相違している。そして春の肥大化が著しい。しかしこうした時間意識は紛れもなくサラリーマンの時間とは異なる主婦の時間であり、主婦の生活暦である。

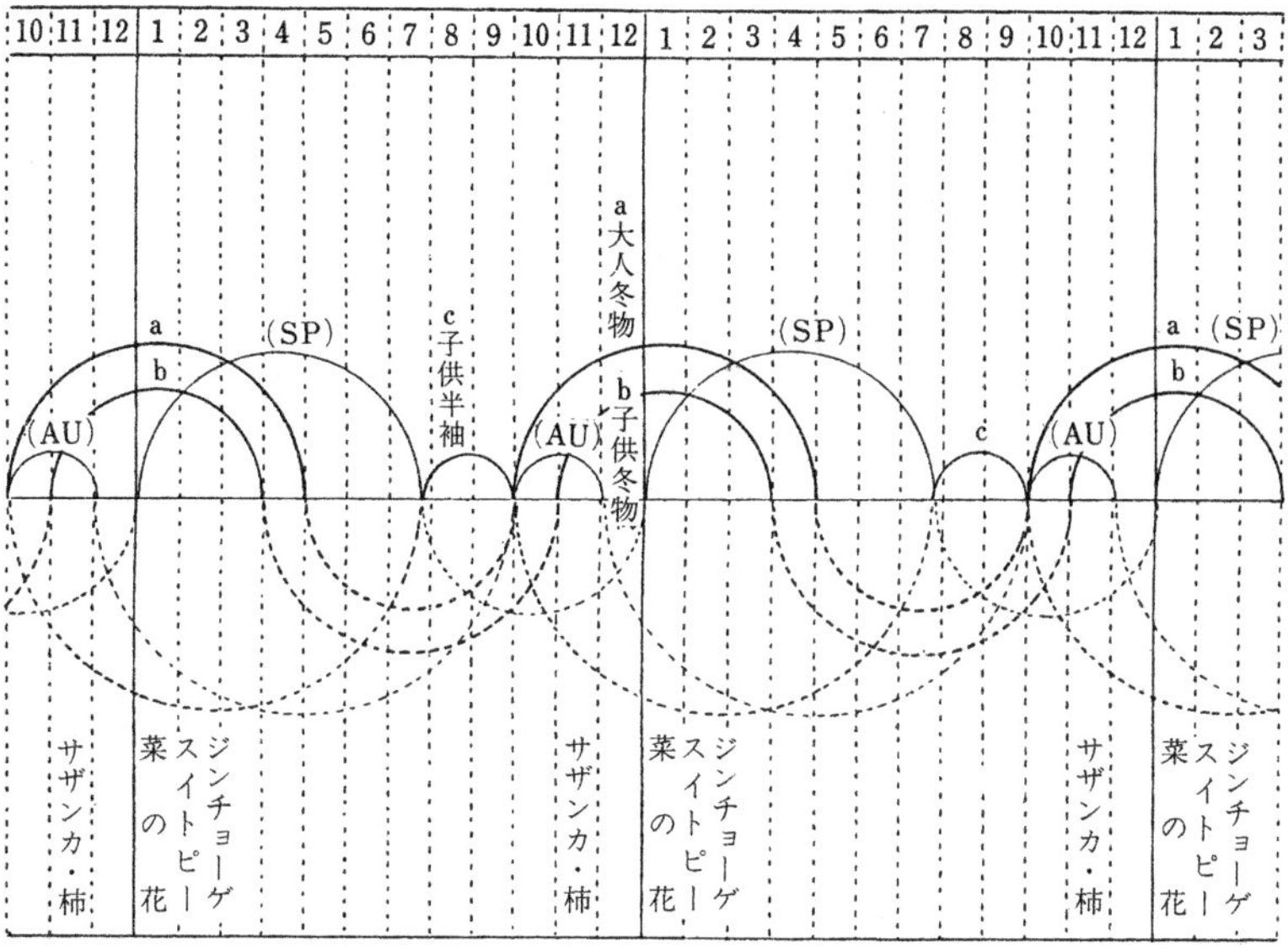
10 11 12 1 2 3 4 5 6 7 8 9 10 11 12 1 2 3 4 5 6 7 8 9 10 11 12 1 2 3
a
b
(SP)
(AU)
c子供半袖
a大人冬物
b子供冬物
c
サザンカ・柿
菜の花
スイトピー
ジンチョーゲ

図9　Yさんの生活暦

こうした都市生活のリズムの複合的性格、とりわけ季節感の重層的なあり方は、都市空間に特徴的に見られるものといってもよいと思われる。それは、村の生活においては、もう少し異なる展開をしているからである。

村の生活暦

長野県松本市の一農村の生活暦の一端を示してみよう。ここは冬の訪れが早く、十一月二十日の恵比寿講《えびすこう》ごろには初雪が降る。そのため秋の準備は早く、十月初めには稲刈りが始まる。昭和十年代には十月に入ると袷《あわせ》を着て足袋《たび》をはいた。十一月に入ると寒さは厳しくなり、寒い日には袷の上に綿入れのハンテンを着るようになった。十一月二十日の恵比寿講までには、田の仕事をいっさい片付け、後は家のなかで仕事をするようになった。三月彼岸ごろまでそうした生活がつづいた。こたつは九月中旬の戌《いぬ》の日か巳《み》の日に口開けをした。このこたつを片づけるのは四月中旬で、このころ行われる氏神祭りの日までには片付けるものとされていた。このころはちょうど稲の苗代作りの開始時でもあった。袷から紺絣《こんがすり》の着物に変わるのは五月である。五月いっぱいは紺絣を着るものとされていた。六月になると浴衣《ゆかた》を着たが、このころは田植えで農繁期に入り、昼寝も許されるようになった。紺絣も浴衣も単衣物《ひとえもの》であるが、その布地の厚さで着る時期が異なったのである。浴衣を着るのは八月いっぱいで、九月になると再び紺絣を着た。昼寝もこのころまでで、目安

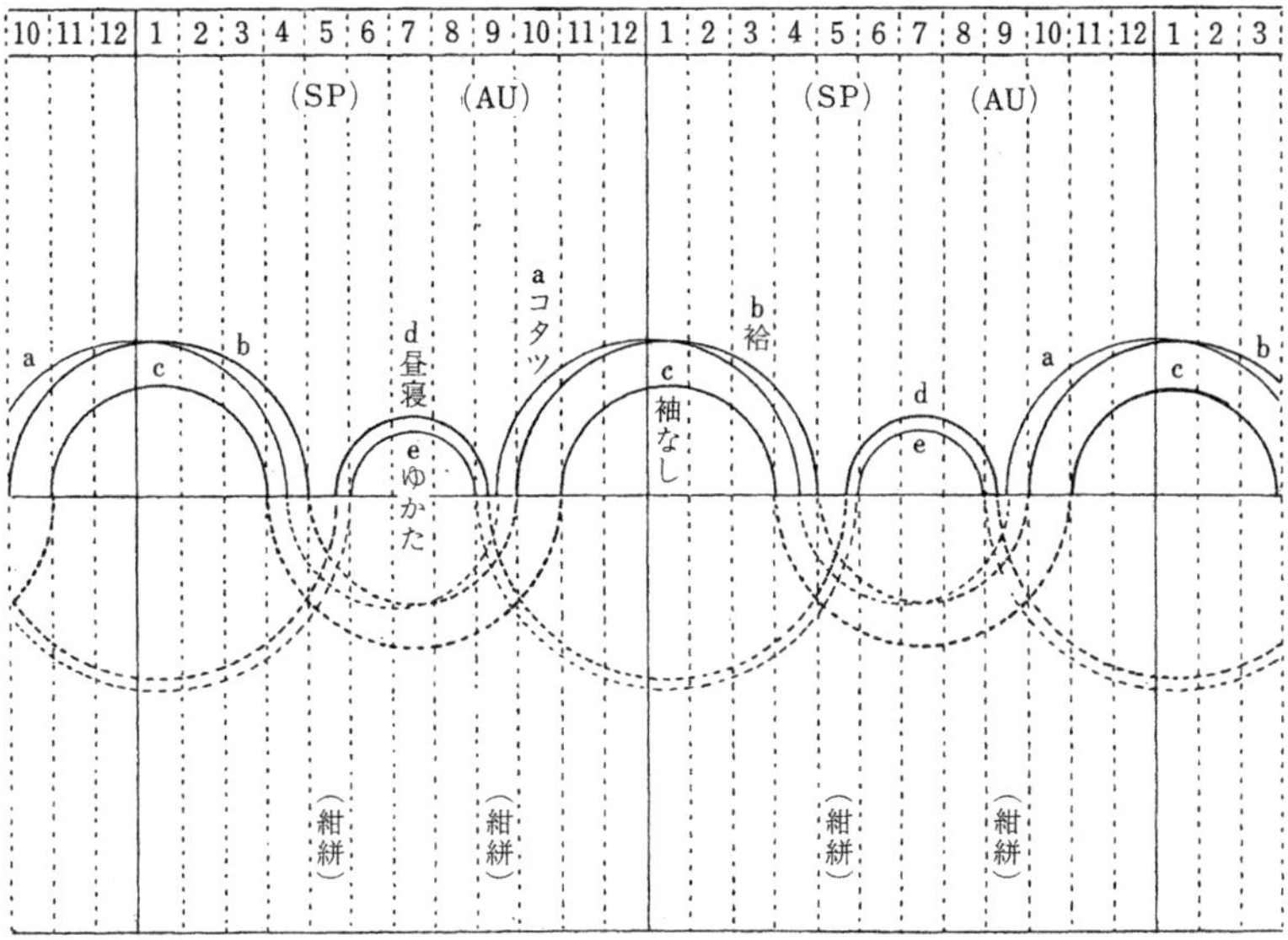

図10　昭和10年代の松本の農家の生活暦

は二百十日であった。紺絣を着るのは九月いっぱいであった。

　こうした季節ごとの衣服の着用期間の展開を図示してみよう（図10）。袷と浴衣との間に着用する紺絣の期間は省略してある。すなわち弧と弧との間の空白の期間がそれで、春（SP）と秋（AU）とに相当する。衣服といくつかの行為によってその時間――季節の展開は非常に明確である。

　現在の生活の展開を同様に、衣服と暖房具等によってみるとどのようになるだろうか。図11に示したように冬が肥大し、夏が短縮されはしたが、季節の展開は半世紀を経てもなお明確である。服装は洋服に変わり、夏の暑さに対応する期間は短縮され、夏の農繁期が相対的に軽減され、昼寝という習慣は、必ずしも季節と対応するものではなくなった。そのような生活の変化はあっても生活のリズムそのものに大きな変化は見られないのである。

生活暦の変貌

　それでは、都市における生活暦のリズムは以前から、このような村の生活リズムと相違していたのであろうか。一九世紀の江戸の生活を描いた斎藤月岑《げっしん》の『東都歳時記』（東洋文庫、平凡社、一九七〇～七二年）の記録にしたがって、衣服の着用期間および季節的な慣習を基に生活暦の一端を整理してみよう。

　まず衣服の着用の展開を追ってみると次のようになる。「四月一日　更衣　今日より五

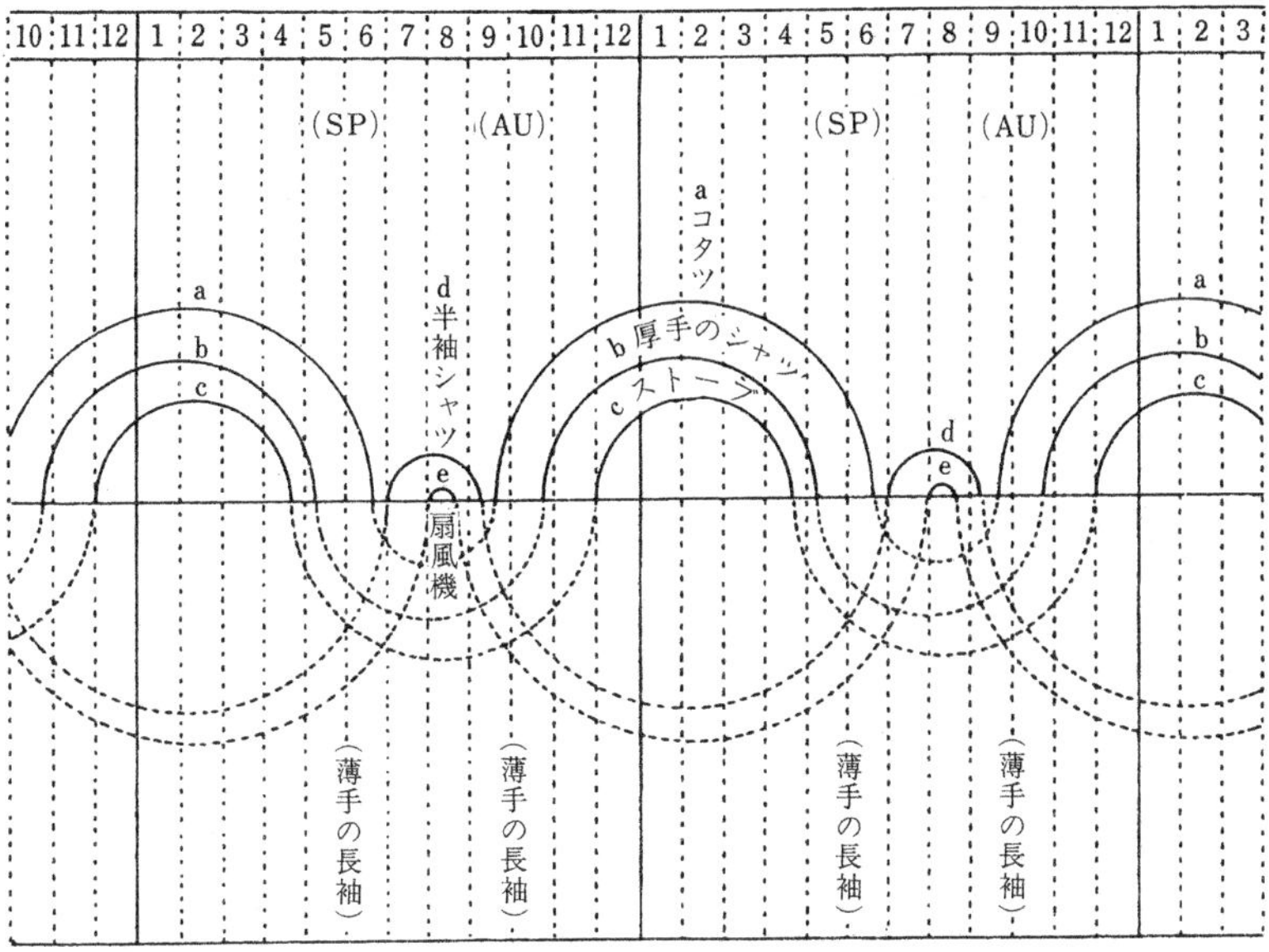

図11　松本の農家の生活暦

月四日迄　貴賤給《あわせぎぬ》衣を着す。今日より九月八日まで足袋をはかず。庶人単衣羽織を着す」「五月五日　貴賤今日より麻の衫《ひとえ》を着して八月三十日に至る」「九月一日　今日より八日迄諸人給衣を着す」「九月九日　良賤今日より絮《わたぎぬ》衣を着す」「九月十日　今日より貴賤足袋をはき、三月晦日に至る」。

すなわち、四月一日はころもがえであり、この日から五月四日までは袷を着たのである。またこの日から九月八日までは足袋をはかないことになっていた。そして九月十日から翌年三月晦日まで足袋を着用したのである。九月九日はどちらにも入らないことになってしまうが、ともかく一応足袋着用の認められる期間があったのである。五月五日から八月三十日までは麻のかたびら、すなわち単衣《ひとえ》物を着ることになっており、春の合着《あいぎ》から夏物になったのである。そして九月一日から八日までは再び袷になり、九月九日から三月末までは綿入れを着用したのである。つまり冬物になったことになる。この綿入れ着用の期間は足袋の着用が認められた期間とほぼ同じである。そうであるとすれば、九月九日は足袋着用認可の期間に含めて考えることが可能であろう。九月一日から八日までは短いながらも合着を着用したわけである。衣服の着用に四季の季節感は明確であった。

このほか、「十月上亥日　炉ひらき　脚炉びらき」「十一月　当月より越後信濃上総等の

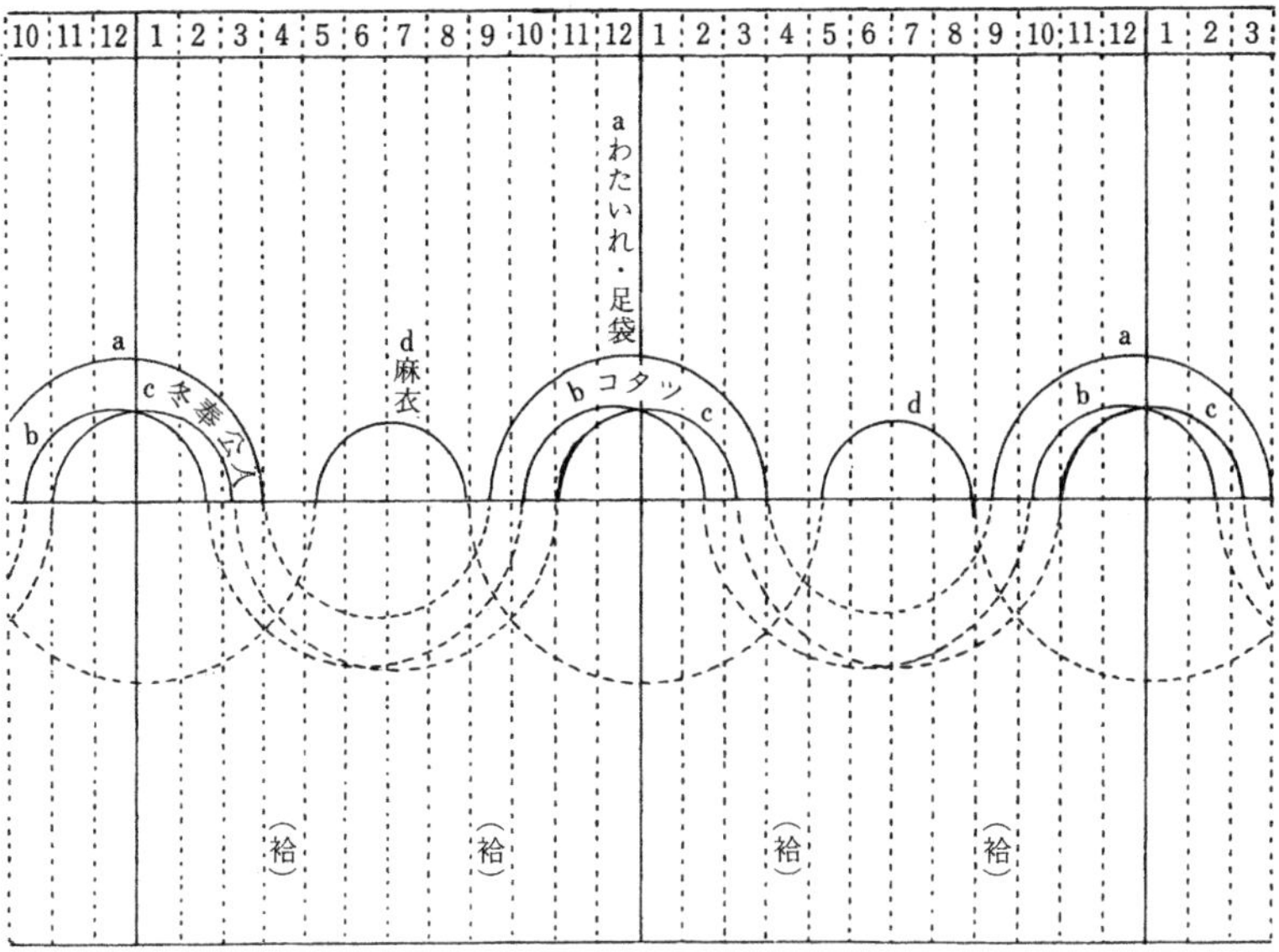

図12　江戸の生活暦（『東都歳時記』より）

賤民江戸へ出て奉公す。これを冬奉公人といふ。越後信濃は雪国にして冬のたつきなし。故に其間江戸へ出て奉公するなり。俗間称してむくどりといふ。多く群りて出るといふ意なり」「二月二日　信濃越後より旧年来り仕へし奉公人、主家の暇を得て国へ帰る」などという記述もある。冬奉公人の過ごす冬はもとよりその出身地の冬であるが、より以上に江戸の冬であった。出稼ぎの奉公人たちの存在が、江戸を冬にしたのである。

こうしてみると江戸の冬はかなり長く、しかもさまざまな慣習と重なって強調されているようでもある。秋は相対的に短かったということができる。これを図示してみるとその生活のリズムはより明確になる（図12）。春と秋とに相当する袷を着用する期間は記入してない。季節の展開をできるだけ明確に示したかったからである。着物の着用の途切れているところが袷を着用するときである。それにしても季節の展開は明確であり、先に示した村の生活暦と基本的には同様の展開を示しているということができる。

かつての都市においても、生活暦の展開は、少なくとも社会的な規範としては、さまざまな分野において共通のリズムのもとに展開していたということができるであろう。しかし、生活の多様化とともに現在の都市の居住地空間においては、そのリズムが多様化してきているということであろう。

離郷者の群れ

故郷を想う

さまざまな故郷——歌われた故郷

都市の離郷者

都市生活者の大部分が、生まれ故郷を離れて新たな生活の場として都市を選び、あるいは選ばざるをえなかったという事情のもとにあったということは、現在に始まったことではない。昭和二十年代に集団就職によって、大勢の若者が都市に出てきたことは記憶に新しい。近世以前にあっても城下町を形成するために移住させられ、または働きにきてそこに定住した人びとによって町が拡大していったことは、全国各地の町の発展の歴史のうえに明らかである。

たしかに現在の都市生活者のかなり大きな割合を占める人びとは、生まれながらの都市生活者である。かつて、三代たてば江戸っ子であると称することがあったが、そのような考え方からするとまさに根生いの都市人といってもよい人びとが大勢いることは事実である。だがそのような人びとの何代か前の祖先が、青雲の志を抱いて都市に出てきたり、まだ見ぬ町の新しい文化に幻惑されて故郷を捨てたりしているはずである。その事情はさまざまであったにしても、いま住む都市以外のところに出身地を持ち、そこに縁者がいたり、先祖の墓があったりする人びとはむしろ都市生活者の大多数を占めるはずである。そのような実態からすれば、都市生活者は離郷者の群れであるということもできるであろう。

さらに、都市の生活は一ヵ所に定住することが困難な事情を抱えている。生活のあり方が土地そのものに縛られないからである。大地を耕し、自然の恵みに依存する農村などの生活では、その土地の存在が絶対的な意味をもつ。しかし、都市生活において大きな意味をもつものは商品であり、情報である。それは一定の土地に固定されるものではない。それぞれの具体的内容などによって、より有利な場所を求めて移動する。都市そのものも、拡大することによって、それぞれの空間的な機能は変化する。それに応じて人びとの生活する場所が変わる。現在では、土地は売買されることを当然なこととして価値づけられている。したがって、都市生活者はある意味で漂泊者でもある。

郷土を歌う

離郷者・漂泊者の群れ住む都市は、故郷を想い、あるいはこだわり、意識する人びとの住むところでもある。柳田国男が都市生活者の抱く不安を「帰去来情緒」といったのは、このような都市生活者の性格を踏まえてである（『都市と農村』朝日新聞社、昭和四年）。先に指摘したように、坪井洋文が都市の他界を故郷・墓地とみたのもこのような視点からであった。そのような視点からすれば、都市に生活する人びとの意識を、故郷との関係においてとらえることもできよう。そうした故郷に対する人びとの意識はさまざまなところに見いだすことができる。各地に見られる「ふるさとづくり」の運動は、それが社会的なレベルで表出したものである。

まず、いったい人びとは「故郷」をどのようにとらえていたのか。それを唱歌や流行歌の歌詞を手がかりとしてみてみよう。大勢の人に歌われ好まれた歌は、その時代相、特に庶民感情の普遍的表現として、人びとの共感を得ていると考えるからである。そしてまた、こうした歌を通して、故郷に対する意識が形成されることもあったであろうと思うからである。そのような視点から見るといくつかの故郷に対する意識が見える。

一　燈火《ともしび》ちかく衣縫《きぬぬ》う母《はは》は
春《はる》の遊《あそ》びの楽《たの》しさ語《かた》る。
―――
居並《いなら》ぶ子《こ》どもは指《ゆび》を折《お》りつつ
日数《ひかず》かぞえて喜《よろこ》び勇《いさ》む。

　囲炉裏火《いろりび》はとろとろ
　外《そと》は吹雪《ふぶき》。

二　囲炉裏《いろり》のはたに縄《なわ》なう父《ちち》は
　過《す》ぎしいくさの手柄《てがら》を語《かた》る。
　居並《いなら》ぶ子《こ》どもはねむさ忘《わす》れて
　耳《みみ》を傾《かたむ》けこぶしを握《にぎ》る。
　囲炉裏火《いろりび》はとろとろ
　外《そと》は吹雪《ふぶき》。

（「冬の夜」文部省唱歌、明治四十五年）

囲炉裏を囲む家族。母も父もそれぞれの仕事をしながら、子供たちに自らの体験と思いを伝える。厳しい自然に囲まれながら、とろとろ燃える囲炉裏の火は、温かい家族の思いでもある。それは冬を越す雪国の人びとの思いからすれば、あまりにも温かすぎる情景かもしれない。だが、これは、どこにでも見られた情景であり、村の家族の普遍的な姿でもあったのである。

一　菜《な》の花畠《はなばたけ》に　入日《いりひ》薄《うす》れ、
　見《み》わたす山《やま》の端《は》　霞《かすみ》ふかし。
　春風《はるかぜ》そよふく　空《そら》を見《み》れば、
　夕月《ゆうづき》かかりて　におい淡《あわ》し。

二　里《さと》わの火影《ほかげ》も、森《もり》の色《いろ》も、
　田中《たなか》の小路《こみち》を　たどる人《ひと》も、
　蛙《かわず》のなくねも、かねの音《おと》も、
　さながら霞《かす》める　朧月夜《おぼろづきよ》。

（「朧月夜」文部省唱歌、大正三年）

厳しい冬のいく夜か、囲炉裏の火を囲んで待ち焦がれた春の訪れは、心をおどらせるものであった。冬が厳しければ厳しいほどに春の訪れはうれしかった。遠くの山々の峰はまだ雪に覆われていても、里はすでに菜の花盛りであり、水を張った田んぼからは蛙の声が聞こえてくる。そこに歌われているのは春の情景だけである。しかし、そののどかな景色の背後には豊かな自然のなかに生きる、村の人びとの穏やかな生活があった。もっとも、ここにはあまりにも文学的な、和歌の世界が展開しているのではあるが、それだけにより村らしい情景が展開しているということもできる。

これらはいずれも故郷といって歌ってはいない。しかし自分たちの身近な村の生活を歌っている。今となっては懐かしいとしかいいようのない生活である。だがこの歌が作られ、歌われた時代にあっては誰しもが実感できた村の生活であった。それは都市に生活する都市人の視点というよりは、村のなかで生活している村人の視点である。もちろんこれを作ったのは都市生活者である。ただ、歌のなかに見られる視点は、村の内部にとどまっているのである。それは自らの生活の場において、その生活や自然を歌っているのである。そうした点からすれば、そこに歌われているのは郷土の自然と生活であるということになる。故郷としての認識は希薄であったということができる。

村の生活を村の内部にあって、村人の視点から歌ったときには、生活の場を歌ったということであって、歌われたものは時間的にも空間的にも自らと距離はない。生活の場としての郷土を歌っているのであり、故郷を歌うといったときには、もう少し異なる視点が存在するはずである。

思い出の故郷

一　兎追《うさぎお》いしかの山《やま》
　小鮒釣《こぶなつ》りしかの川《かわ》
　夢《ゆめ》は今《いま》もめぐりて
　忘《わす》れがたき故郷《ふるさと》

二　如何《いか》にいます父母《ちちはは》
　恙《つつが》なしや友《とも》がき
　雨《あめ》に風《かぜ》につけても
　思《おも》いいずる故郷《ふるさと》

三　こころざしをはたして
　いつの日《ひ》にか帰《かえ》らん
　山《やま》はあおき故郷《ふるさと》
　水《みず》は清《きよ》き故郷《ふるさと》

（「故郷」詞　高野辰之、文部省唱歌、大正三年）

これは故郷を歌った歌の代表的な歌である。ここに歌われているのは離郷者が思い出として歌った故郷である。ここには情景としての自然と生活とが歌われている。そして両親をはじめとする家族や友人が歌われている。歌われている内容そのものは、郷土を歌ったものと違いはない。しかし、それは今現在の情景ではない。他郷にあって、かつて自らの体験したこと、自らを育んでくれた自然や人事や生活を歌うのである。それらを通して故郷を意識しているのである。郷土と空間的・時間的な距離をおくことによって郷土は故郷化されているのである。

一　園《その》の小百合《さゆり》、撫子《なでしこ》、垣根《かきね》の千草《ちぐさ》。
今日《きょう》は汝《なれ》をながむる最後《おわり》の日《ひ》なり。
おもえば涙《なみだ》、膝《ひざ》をひたす、さらば故郷《ふるさと》。
さらば故郷《ふるさと》、さらば故郷《ふるさと》、故郷《ふるさと》さらば。

二　つくし摘《つ》みし岡辺《おかべ》よ、社《やしろ》の森《もり》よ。
小鮒《こぶな》釣《つ》りし小川《おがわ》よ、柳《やなぎ》の土手《どて》よ。
別《わか》るる我《われ》を憐《あわれ》と見《み》よ、さらば故郷《ふるさと》。
さらば故郷《ふるさと》、さらば故郷《ふるさと》、故郷《ふるさと》さらば。

三　此処《ここ》に立ちて、さらばと、別《わかれ》を告《つ》げん。
山《やま》の蔭《かげ》の故郷《ふるさと》、静《しずか》に眠《ねむ》れ。
夕日《ゆうひ》は落《お》ちて、たそがれたり、さらば故郷《ふるさと》。
さらば故郷《ふるさと》、さらば故郷《ふるさと》、故郷《ふるさと》さらば。
（「故郷《こきょう》を離《はな》る歌《うた》」詞　吉丸一昌、大正二年）

これはたしかに現在身を置いている場所と、「故郷」と呼びかけている場所とは同一である。しかし、その場所を離れなければならないからこそ「故郷」と呼びかけているのである。郷土と距離を置かざるをえなくなった今、郷土はまさに「故郷」となったのである。眼前にある情景はすでに過去のものであり、自らと距離の生じている存在なのである。そのような意味からすれば、これもまた離郷者の歌った故郷である。いちずに村を恋い慕う歌といってもよい。

離郷者の住むところはなにも都市とは限らない。「恋しやふるさと　なつかし父母《ちちはは》　夢じにたどるは　故郷《さと》の家路」（「旅愁」詞　犬童球渓、明治四十年）と歌われるのは旅の空にあって思い出される故郷である。旅とは旅行という意味だけでない。いま現在身を置くところはどのようなところであったとしても、離郷者は旅にあるのである。だが、これらの歌を作った人は都市生活者であり、愛唱した人びとも都市生活者か、そのような生活を営む人を想定して歌ったのであろう。離郷者の故郷に対する想いは、都市生活者の故郷に対する想いと同じものであった。

屈折した望郷

故郷を離れて他郷にあって、懐かしい自然と生活と家族友人たちとを思う。それは時間がたてばたつほど美化され、理想郷となってゆく。そこには故郷と切っても切れがたい絆《きずな》の存在が前提としてあった。現実には故郷と絶縁したいという事情があっても、精神的には故郷との絆は断ちがたいものがあった。そうした故郷の存在が、生きる原動力となっていたこともあった。「故郷に錦を飾る」ことが生きがいであり、「故郷の人を見返す」ことが生きがいであることもあった。いずれにしてもそこには一方的な離郷者——都市生活者の村に対する想いが存在していた。だが、なかなか故郷に錦を飾ることができず、村とのつながりが稀薄になってゆくと、不安が生じてくる。そこで、都市から村に、一直線に思いを投げかけるのではない歌も登場することになる。

一　おぼえているかい　故郷の村を
　便りも途絶えて　幾年《いくとせ》過ぎた
　都へ積出す　真赤なリンゴ

見る度辛《たびつら》いよ　俺らのナ俺らの胸が

二　おぼえているかい　別れたあの夜
泣き泣き走った　小雨のホーム
上りの夜汽車の　にじんだ汽笛
切なく揺《ゆす》るよ　俺らのナ俺らの胸を

三　おぼえているかい　子供の頃に
二人で遊んだ　あの山小川
昔とちっとも　変っちゃいない
帰っておくれよ　俺らのナ俺らの胸に

（「リンゴ村から」詞　矢野亮、昭和三十一年）

これは故郷にいる人が、都市にいる人に向かって呼びかけている歌である。しかし、当然これは都市生活者が、故郷の人が自分をこれほどまでも必要とし、今でも思ってくれているのであると思うことによって、村を確認しなおす望郷の歌である。実際には村では新しい生活のスタイルができあがっており、都市に生活する人の帰ってゆく場がなくなっているこ ともある。そのような点からすると、これは都市の離郷者の、むしのいい、思い込みの強い歌ということもできる。だが、帰れないからこそ、このような思いを抱かなければならなかったともいえよう。それだけに故郷の存在の大きさを示しているということもできるのである。

かつての村に対する望郷の思いは、そのいちずさゆえに単純でもあった。しかし、しだいしだいに都市的生活様式が進展し、村の生活も変化の兆しを見せてくる。都市と農村という二元的な対立の図式だけでは把握しきれない生活が生まれてきつつあった。また、都市への人口の集中と、その結果としての村の過疎化現象もまた進展していったのである。そのような視点からすれば、かつてそのままで故郷でありえた村は、あえて「故郷」としなければ「故郷」たりえなくなったということである。これはそうした状況下に生まれたものともいえる。そこに歌われている故郷は、都市と村との事情が複雑に絡み合っている、屈折した故郷であるということができる。

都市への視点

村の「故郷」化が行われるとともに、離郷者が生活の本拠とし、心の拠りどころとする都市の「故郷」化も進展することになる。村に対する想いが断ち切られたわけではないが、都市にもそれだけの想いを受け止めることができる条件が備わってきたということであろう。

「たとえどんな人間だって
心のふるさとがあるのさ
俺にはそれがこの街なのさ
春になったら細い柳の葉が出る
夏には雀がその枝で啼く
雀だって唄うのさ
悲しい都会の塵の中で
調子っぱずれの唄だけど
雀の唄は　おいらの唄さ」
銀座の夜　銀座の朝
真夜中だって知っている
隅から隅まで知っている
おいらは銀座の雀なのさ

夏になったら啼きながら
忘れものでもしたように
銀座八丁とびまわる
それでおいらは楽しいのさ

「すてばちになるには
余りにもあかるすぎる
この街の夜も　この街の朝にも
赤いネオンの灯さえ
明日の望みにまたたくのさ
昨日別れて　今日は今日なのさ
ほれて好かれて　さようなら
後にはなんにも残らない」

春から夏　夏から秋
木枯しだって知っている
みぞれの辛さも知っている
おいらは銀座の雀なのさ
赤いネオンによいながら

明日の望みは風まかせ
今日の生命に生きるのさ
それでおいらはうれしいのさ
（「銀座の雀」詞　野上彰、昭和三十年）

これは明らかに銀座——都市を故郷として歌っている。だが、あえて「心のふるさと」と表現しているところに、実体ある故郷との区別を見ることができる。現実には自らの出身地としての故郷があり、しかしそれとは別に心の、精神的な拠りどころとしての故郷を都市に求めようとするのである。それは実体ある故郷よりも、現在生活している都市により帰属意識を感じているということである。そして、季節の移り変わりと、そこに展開する生活、それが心の故郷を形成していくというのである。それは、「故郷」を歌う視点とそれほど大きな違いはない。ただ、その「故郷」は現在生活しているところである。そうした点からすれば、そこは郷土として位置づけられたということができる。

こうした意識は「故郷に錦を飾る」というような、最後には帰るべきところとしての故郷を意識するところからは出てこない。都市に定着する生活状況を踏まえてはじめて歌うことのできる歌であろう。しかし、このようにして都市を郷土として、そこに帰属意識をもっても、それが「心のふるさと」としての存在であるところに、実体ある故郷に対するあるこだわりを見ることもできる。かつて出郷者として、出身地の村を故郷として心の支えにしていた。しかし、現在では心の支えにならなくなったということでもあり、それは村の変質とかかわっているのかもしれない。そうした事情それ自体は、この歌の範囲内では明確ではないが、ともかく都市に新たな故郷が誕生しつつあるということである。

幻想としての故郷

都市に帰属意識をもち、そこを故郷としようという気持ちが生まれ、都市にそのような視線を注ぐということは、かつての故郷のもつ意味が希薄化したことの現れである。出身地である故郷は、すでに心の支えにはならないのである。

人は誰も　ただ一人旅に出て
人は誰も　ふるさとを振りかえる
ちょっぴり淋しくて　振りかえっても
そこにはただ風が　吹いているだけ
人はだれも　人生につまずいて

人はだれも　夢破れ振りかえる
プラタナスの　枯葉舞う冬の道で
プラタナスの　散る音に振りかえる
帰っておいでよと　振りかえっても

そこにはただ風が　吹いているだけ
人は誰も　恋をした切なさに
人は誰も　耐え切れず振りかえる
―――――――（「風」詞　北山修、昭和四十四年）

ここでは心の支えを欲したとき、故郷は何の助けにもならないことを歌っている。長い人生の過程においてさまざまなことがある。そして淋しさに耐えかねたとき、しばしば自らをはぐくみ育て、現在をあらしめたその根源にたちかえり、そこに憩い、生きる力をもう一度奮い起こすのである。その根源的なものが故郷であった。そこに帰ることは、自らの存在を確認することであった。

だからこそ、故郷は、志を果たして、いつの日にか帰るべきところであったのである。故郷に帰ることを前提として都市に生活する人びとが多かった。しかし、その故郷は、いまや帰るべきところではなくなってしまった。ただ風が吹き抜けるだけの、幻想としての故郷になってしまったのである。故郷から見放されてしまった都市生活者の心細さは、何によって癒すことができるのであろうか。

故郷の再現

どこにも帰るところをもたず、求めず、永遠に心の漂泊をつづける人生を生きる自信をもつ人はそれほど多くはない。実体ある故郷を求めようとしなくても、心の拠りどころとして故郷を常に求めている。肉体はいざ知らず、心の帰るべきところは常に求めつづけている。だが、そうした故郷は精神的な、観念的なものばかりではなく、実体のある存在であることはより望ましいことであろう。

一　久しぶりに手をひいて
親子で歩ける嬉しさに
小さい頃が浮かんで来ますよ
おっ母さん
ここが　ここが二重橋
記念の写真をとりましょうね

二　やさしかった兄さんが
田舎の話を聞きたいと
桜の下でさぞかし待つだろ
おっ母さん
あれが　あれが九段坂
逢ったら泣くでしょ　兄さんも

三　さあさ着いた着きました
達者《たっしゃ》で長生きするように
お参りしましょよ観音様です
おっ母さん
ここが　ここが浅草よ
お祭みたいに賑やかね

（「東京だよ　おっ母さん」詞　野村俊夫、昭和三十二年）

故郷は、そこに帰ることによってその存在を確認した。たとえ帰らなくてもいつか帰ることを心に描いていた。故郷は帰るところであった。しかし、必ずしも自ら故郷を訪れるのではなく、故郷を都市に引き寄せ、都市のなかに故郷を再現することも試みられた。

この歌では、故郷の重要な要件の一つである母を都市に呼び寄せ、都市のなかに村との共通性を見いだそうとしている。母を通して幼いころを思い浮かべ、母と兄と妹とが顔をそろえ、家族の絆をここで確認するのである。浅草の観音様にお参りするのは、村の祭りとの共通性を確認する手段でもある。最も都市的な空間の一つであるという性格が強調されているわけではない。

もちろんここには年老いた母を迎えて、東京見物させる娘の姿が印象的に描かれていることは事実である。長く離れて生活していた娘が、東京の暮らしにもなれ、都市生活者として、田舎の母を東京見物に誘った。それは親を安心させるとともに、珍しいところを案内しようとする娘の思いやりでもあろう。そのために東京名所巡りとしての性格もある。だが、そこで見物するところは銀座や日本橋や歌舞伎座ではない。盛り場としての、あるいは経済・文化の中心としての東京ではないのである。村を対象として形成された故郷観を、都市のなかで再生することができるところを特に選んで、娘は母を案内しているのである。そのような意味において、故郷を都市に呼び寄せ、そこに再現しようとする試みの一環であると位置づけようとするのである。

〈引用文献〉『日本唱歌集』堀内敬三・井上武士編、岩波文庫、一九九五年。
『日本流行歌史』戦前編・戦後編、古茂田信男・島田芳文・矢沢保・横沢千秋編、社会思想社、一九八一・八〇年。

都市居住者の故郷意識

故郷と郷土

故郷は、遠く離れたところにこそ存在する。少なくとも離れて生活するからこそ「故郷」を思い出す。そのような性格を故郷に認めているからこそ、盆や正月などに出現する「民族大移動」と称されもする帰省者の群れに向かって、「あなたは故郷があっていいですね。私は東京生まれ、東京育ちですから故郷がありません」などという発言が、皮肉ではなく発せられるのである。各交通機関は帰省客で混雑し、道路も渋滞何十キロなどという難行苦行を厭《いと》わず、故郷に帰る人の姿に羨望の眼差しを注ぐ人がいるのである。羨ましがる人は故郷をもたない人であり、難行苦行を行う人は故郷をもつ人である、ということである。都市に生活する人には、故郷をめぐってこうした二通りのあり方が存在している。

このほかに故郷というものにまったく関心を示さない人もいる。眼前の生活に追われ、あるいはその生活に十分満足しているとき、あえて故郷というものを意識する必要を認めないということがありうるからである。しかし、都市に生活する人には、故郷という存在を意識する機会がしばしば出現することも事実である。

だが、故郷をもたないと意識している人であっても、自らが生を受け、幼少期を家族や友人と過ごした場所がないわけではない。そのようにして育った場所に、愛着を感じていないわけではない。ただ、その場所がいま現在住んでいるところ、あるいはそれを含む同質の空間であるがために、「故郷」であると意識されないだけである。その土地に対する帰属意識を客観化して「故郷」とすることができないといってもよい。

それでは、その現在住んでいる空間に対する帰属意識は、どのように認識されていると考えられるであろうか。このような生活空間、それも根生いの地元意識とかかわって認識される生活空間は、生活の拠点としての「郷土」であるといってよいであろう。たしかに郷土とは、村落生活に基盤を置いて考えられることが多かった。しかしそれはかつての民俗学が、村落生活を主たる調査研究対象としていたという事情による以外のなにものでもない。都市を郷土と考えてはいけないという理由はないはずである。

つまり、一定の空間に対する帰属意識が、一方は「故郷」という形で認識され、もう一方は「郷土」という形で存在しているにすぎないのである。しかし、都市のこの「郷土」意識は必ずしも明確には認識されていないことが多い。だが、近世の江戸における「江戸っ子」意識は、たとえ村の出身であっても一定期間――それは三代などといわれるが――定住し、そのことによって生ずる根生いの地元意識ともいえ、それによって一時居住者や外来の人びととの差異を強調したりするのは、郷土意識に基づくものということができるであろう。「将軍様のお膝元」などという意識もまた郷土意識であろう。このような中央意識に基づく優越感が、都市の郷土意識に連なるものであるとしたら、これは現在においてもしばしば見ることはできる。

心の故郷

一定の土地に対する帰属意識が、それぞれの生活体験において故郷とも郷土とも認識されるのであるが、これら二つの認識の差は、その土地との間の距離感によって生ずる。ただ、この距離は相対的なものであり、絶対的なものではない。たとえば、東京という一つの都市空間のなかにおいて転居をしたような場合である。その東京都内の前住地を故郷であるというとらえ方が当然ある。それとともに、東京から他の土地、たとえば大阪などに転居したときには東京が故郷であると認識するのである。しかし、いずれにしてもここに見られるのは空間的な距離の存在である。その距離感の存在が故郷と郷土とを分けているということになる。

だが、距離感は空間的なものによるだけではない。故郷としてイメージされる場所は思い出とかかわっている。現実にどこかに存在している具体的な空間であっても、故郷というときには、その空間は思い出と結びつく傾向が非常に強い。現在のことではなく過去の存在としての空間である。それは時間的な距離によって現在とは異なっている。現実の空間と区別されて、心の故郷と表現されることもある。それは、観念的な、あるいは幻想的な場所をそこにイメージすることにもなる。

もちろん、それは実体ある現実的な空間としての故郷ともさまざまな形でかかわってくる。心の故郷のイメージを形成する過程において、その具体的な空間の存在がまったく無関係ではないであろうからである。ともかく、そうした空間を含めて空間的・時間的な距離のなかで故郷の存在を把握することができる。そのように考えると、現在生活し、帰属意識をもっている場所であっても、時間的な距離感をもつことによって、そこは容易に故郷に転換する。むしろ、現在生活している場所に対しては生活感が濃厚であるだけに、そこに愛着をもち、帰属意識をもつということになると、空間的な距離感はあまり問題にならなくなる。そして、長くそこに住んでいて、人間関係が良好であって、生活しやすいということが、土地に対する帰属意識の中心的な条件になると、「故郷」は必ずしも一ヵ所でなくてもよい。実体ある故郷と、心の故郷は併存・共存するのである。

まだ見ぬ故郷

空間と時間とにおける距離感によって、故郷という存在が認識される。しかし、時間の距離感だけでも心の故郷が形成されうると考えるとき、その距離感は過去に向かってだけでなくてもよいはずである。いまだ住んだこともなく、体験したこともないところを故郷としようとする。それは未来に向かっての時間的な距離感である。

そのような故郷は自らが得たさまざまな情報をもとに組み立てた空想の故郷である。イメージとしての故郷といってもよいであろう。実体ある故郷に対する観念、それは実際よりも誇張されたものであることが多い。美化され、ユートピアとしての故郷を形成しやすいのである。しかし、この空想としての故郷は、まだ見ぬ故郷であるだけに、よりユートピアとしての性格は強い。どのような場所をも求めうるからである。

従来なんらかの形で体験したことのあるような場所と結びつけられていた実体ある故郷

が、観念的な故郷として別の場所に出現することがある。あるいは出現させようとすることがある。実体ある故郷と、観念的な故郷の存在については、千田智子が指摘している。「転勤族の妻」のように、特定の土地に長く定着しにくい生活のなかではとりわけこのような観念的な故郷観がみられるようである。

もちろん、観念的な故郷はこうした実生活を背景として形成されるだけではない。たとえば、『万葉集』を通して、飛鳥や奈良に強く引かれて、そこに心の故郷を求めるのもいわば観念的な故郷である。地名から連想する「軽井沢」に故郷を感じるのもまた観念的な故郷である。実際にその地を訪れて、そこを「実体ある故郷」とすることができるかどうかは別の問題だからである。

しかし、まだ見ぬ故郷を求めて移住し、そこを第二の故郷にしようとすることもある。あるいはそこに理想の故郷を作りだそうとすることもある。これらの行為は個人が単独で行うのが普通である。それは、故郷の存在が個人の認識とかかわっているからである。しかし、時には地域社会を単位として「故郷」を作りだそうとすることがある。地域社会を単位とするのであるから、それは住民運動として行われたり、行政レベルにおいて行われたりすることがある。いずれにしてもそこには、それぞれがイメージする故郷の実現に向けて意思の統一が行われることになる。当然それは未来に向けて、まだ見ぬ故郷の形成である。

故郷を想うとき

さまざまな故郷の存在を前提にしながら、都市に生活する人びとはどのようなときに故郷を想うのであろうか。それは故郷の存在が、人びとにとってどのような意味をもっているかということを示すはずである。

故郷は、常に人びとが意識しているものではない。なんらかの状況下にあって出現するものである。その故郷を意識する契機となるのは故郷と結びつく、あるいは連想させるものが出現したときであろう。故郷で強い愛着を感じるものとしては、自然、肉親・親類、先祖の墓や寺、遊び友だち、祭りなどの行事、学校・先生、近所の人、郷土料理などであるということであるが、強く感じるものは世代によっても異なる。一〇代では自然、祭りなどの行事、肉親・親類の順であるのに対し、五〇代では肉親・親類、自然、先祖の墓や寺の順であった（「一〇〇〇人調査・ふるさとを考える」『正論』五四、一九七八年）。しかし、ともかくこのようなものが故郷のイメージを作るものであるとすれば、故郷を想う契機となるのもまた、これらとかかわるはずである。

五七人の作家が自らの故郷を尋ね、その思いを綴った『私のふるさと紀行』（アルカス編集室編、創樹社、一九九五年）によれば、自然や食べ物や匂いなどがそうした契機となっている。「佃煮の匂いが、きつくただようていた。わがふるさとと同じ匂いである」（出久根達郎）と、そこに漂う匂いに触発されて、故郷を思い出す人がいる。「わたしが故郷について語ろうとするとき、真っ先に泛《うか》びあがってくるのは、遠い少年の日の汗のにおいと、天守閣を借景にのどかに通りすぎていく市内電車の響きである」（神坂次郎）と、匂いと音とが故郷を象徴しているととらえる人もいる。

もちろん具体的なものを通して故郷を思い出すことはしばしば見られる。「街の中の造り酒屋の、今も尚《なお》がっしりとした石造の蔵と蔵との間に、ひょろひょろと背の高いタンポポが咲いているのに、気づくことがある。そんな時の懐かしさは、正にふるさととの出会いである。幼い頃に、長い花梗《かこう》のタンポポを求めて摘んだ自分の姿を、あたかも今、この目で見ているかのような、懐かしさを覚えるのだ」（三浦綾子）というのは、その花を通して故郷を想うのであり、「亡くなった父は故郷富山がこよなく好きな人であった。料理のうまいものといえば、全て故郷の味につながる」（辺見じゅん）というのは、食べ物と故郷とが非常に深い関係にあったということである。これは父の思い出を通しての思いであるが、「雪解け水が流れる小川のほとりで採取したノビルで、子供たちだけのアウトドアクッキングを楽しんでいる間に、桜の季節が来る。この時期悪童たちは、田圃の畦に生えるスイバの踏漬けに夢中になる。……いまにして思うと、あれは酒の肴に絶好だ」（西木正明）と思うのは、自らの少年時代の思い出ともかかわっている。酒を飲みながらの思い出というところでもあろうか。このような日常的な生活とかかわって故郷を思い出すことも多い。「景色はまるで似ていないけれど、家のまわりを木立ちで囲み、その中で山羊や兎を飼い、小さな畑を耕していると、かすかにだが、思い出の中の古里が蘇ってきたような気がする」（畑山博）と思うのは、体にしみ込んだ故郷の感触が環境や作業を通して発現するのである。

このような具体的なものとの出会いによって故郷を連想するだけではなく、何ということなく、しきりに故郷が偲《しの》ばれるということもある。それは年齢とまったく無関係ではない。「こんなに夏が短くて冬が長い、暗くて寒い土地には、二度と戻りたくないと思った。だが歳月とともに、わたしの心と躰は再び故郷を求めはじめている」（渡辺淳一）。若いころにはそれほど必要としていなかった故郷が、しだいに大きな存在となってくるのである。それは遠く離れた故郷を必要とするということだけではない。「東京に生まれ育った私は、そうしたふる里をもつ人がうらやましい。緊張の連続で仕事をする体の疲れをゆったりといやしてくれるふる里が欲しい。そうした羨望をいだきながら過ごしてきたが、五十歳をすぎた頃から私にもふる里があるのを感じるようになった」（吉村昭）という。また「古里喪失。でも、街の暮らしにくたびれきったときには、やっぱりもう一度古里がほしい」（畑山博）ともいう。都市の生活に疲れたとき、思い出されるのは故郷である。どこにあろうとも故郷は生活の疲れ、人生の疲れを癒してくれることが期待されるのである。

そうした癒しの力は失意のときにおいても遺憾なく発揮される。「浮世絵には私の人生を狂わせるほどの魅力がいっぱいあった。しかしいくら浮世絵の研究に没頭しても、生活を支えるだけの収入は得られなかった。異境の街で私は自分をもてあまし、途方にくれた。そんな時、いつも私を勇気づけてくれたのは、ふるさとへの熱い想い出であ」ったという（高橋克彦）。都市生活者にとって故郷がいかに必要とされたか、それは単に、感傷的な思いというだけではなかったのである。まさに都市を生き抜くための原動力でもあった。室生犀星が「故郷は遠くにありて思うもの」として、故郷との決別を決意しても、故郷を想う気持ちとは決別できず、あいかわらず都の夕暮れ時には故郷を想い、涙ぐんでいたはずである。

いくら故郷が懐かしい存在であり、美しいところであったとしても、いつまでも故郷ではありえないこともある。故郷に対する想いや、思い入れが強ければ強いほど、その想いを託す場を失ってしまうことがありうるのである。畑山博の故郷喪失は太平洋戦争の空襲で丸焼けになってしまったことが原因であった。「その後に復興した街は、昔の面影など何一つない息苦しいコンクリートづくしの街に変わってしまった」のである。故郷が思い出とかかわった存在であるならば、その思い出のなかにある自然や町並み、あるいは情景が変わってしまえば、故郷喪失感は強いであろう。

故郷を失うとき

その喪失は、ダムなどによって実際にその場所を失ってしまったことによることもある。空間それ自体は存在していても、地名が変更され、少年時代を過ごした町などがなくなってしまったときにも喪失感をもつことがある。それは戦争によって引き揚げてきた人が、故郷を失ったとするものと似ている。異国の存在となり、異なる町名になっても、場所そのものは存在する。水没して村がなくなったのとは異なる。しかし、自らの意識や思い出が、国や地名とかかわっていれば、そうしたものが変わってしまうことによって、故郷は変化するのである。

また、故郷が家族・親族などと深くつながっていればこそ、自らの根っことしても意識されている。「祖先とのつながりも切れて、小諸というところは無縁の地となった。同時にぼくも、夏休みには田舎へ帰るとみんなが言うところの故郷を、失ったわけである」(笹沢左保)と意識するのは、墳墓の地としての故郷、血につながる故郷を失ったという思いである。それは、長い時間経過のなかで、しだいしだいに縁遠くなって、結果的に故郷意識が希薄となることが多い。

ただ、挙家離村などによって墓地も移してしまうことによって、墳墓の地を放棄することもある。それはまた、村を出るという行為によって、故郷を失うという思いと通底するものである。それは、生活の拠点を移動するというだけではない。精神的な拠りどころを新しいところに設定するということである。そうした点からすれば、これは古い故郷を捨てることになる。どのような時に故郷を捨てると意識するかは、個人によって異なる。夜汽車に乗って嫁ぐときに故郷を捨てると思う人もいるし、本籍を移したときに故郷を捨てたという思いがこみ上げたという人もいる。兄弟はいても両親がなくなったときに、故郷との縁が切れたと思う人もいる。故郷に対する帰属意識のあり方と関係するのである。

故郷をつくるとき

心の支えであり、都市に生きる原動力としての故郷であれば、失ったままでは落ちついて生活できるはずはない。故郷を失い、あるいは捨てた人は、新たに故郷を得ようとする。その方法は、故郷に対する想いとかかわる。

たとえば、思い出の情景である原風景を求めて移住する。移住したところで人間関係をもう一度作りなおす。あるいは、人間関係のできあがったところを故郷とする、などさまざまな対応が見られる。しかし、いずれにしてもその方法の一つとして移住することによって新しい故郷をつくろうとするものである。笹沢左保は佐賀県に新しい故郷をつくった。「遠くの山々は巨大な借景となり、近くの山は重なり合って五重の稜線を描いている。雲が湧き出る川が流れていて、五十年前に眺めたような真っ青な空が広がっていた。ぼくには、勝手にイメージした架空の故郷が、眼前にカラー映画となって写し出されたような気がした」。こうしてその原風景を尋ね当てて移住したのである。

しかし、故郷を尋ね当てて移住することは、誰にでもできるというわけではない。生活の場を自由に移動させるということは、それほど簡単ではないからである。そうした場合には、現在生活している場で故郷をつくり出さなければならなくなる。そこを故郷と思えるような場にしようとするのである。だが、故郷に対するイメージはそれぞれの人によって異なっている。農村と山村と漁村とにおいてはその景観は異なっているし、都市の景観はさらに異なっている。当然生活も人間関係も相違する。つまり、新しい故郷をつくり出すためには、一個人の力ではどうにもならず、地域を単位として活動する必要があるのである。しかし、そこを故郷とする必要を感じない人も当然存在しているのである。故郷をつくろうとするときの難しさはそこにある。

新興住宅地などにおいても、その居住環境のよさにひかれて移り住むのであるが、それは通勤や買い物などに便利であることを含んでいる。そのため、自然を対象とした原風景を再現しようとすることはかなり困難である。そのため、まず住んでいる人たちの交流や、心のつながりを深めようとする。人間関係を中心として、その地に対する帰属意識を高めようとするのである。そのためのさまざまな試みがなされている。その試みの代表的なものが「祭り」と称するものである。住宅地が造成される前から祀られていた神を中心として、祭りが行われることもあるが、信仰的な要素をまったく含まないことを前提として、祭りが行われることもある。それは地域を単位とするときに、そこには多様な思想・信条をもった人びとがおり、そのような人びとも含んで計画しなければならないからである。神無きイベントではあってもそれが祭りと称されるところに、人びとの祭りに対する認識がある。

東京近郊の新興住宅地で、地域の「ふるさとづくり」をすすめるために、神輿《みこし》を作って祭りを始めた人は、その理由として次の二点を指摘する。すなわち、さまざまな出身地をもった住人の、故郷に対する共通のイメージが祭りであることと、その祭りの象徴が神輿であることである。また、「ふるさとづくり」をしようとするときには、子供を巻き込む必要があるという。それによって大人たちが参加するからである。そのためにも祭りは効果的であるという。子供を含めて多くの人がさまざまな体験を越えて交流する場として、あるいはそこに帰属意識をもつ契機として、祭りはもっとも効果的であるというのである。しかし、そのような事情のもとにつくり出される祭りは、具体的な神はむしろ排除される。また、特定地域の祭りの形式は邪魔になる。同時に子供のころの祭りのイメージのもとに、露店や夜店の並ぶ縁日のさまを再現しようとするのである。「祭り」が創造されなければならない理由である。

もっとも、イベントであるならば「ふるさと」的な出し物を中心として、みんなが盛り上がることによって帰属意識をもり立てようとすることもある。また盛り上がるだけであるならば、日本の祭りである必要はない。各地の商店街や、行政がかかわる「祭り」でも、新作の音楽に合わせて新作の踊りが踊られ、阿波踊りやサンバなども踊られるのは、やはり「ふるさと」をつくる試みの一つである。

都市生活者の意識する故郷は多様であり、それに基づいて表出する行為もまた多様である。そのような故郷観は、時間と空間の両者にあいわたる距離感が根底に存在する。

故郷観の概念

まず、空間と時間と観念に基づいた五つの領域を考えてみる（図13）。縦線tは時間の流れを示し、横線sは空間の広がりを示している。また縦線lは実体ある空間世界と、観念的世界とを区別する境界である。これらによって区切られた五つの領域のうち、Aは現在の居住地を示し、Bは出身地・前住地を示す。C・Dはいずれもそれぞれの過去空間の世界であり、思い出の世界である。Eは、必ずしも現実に存在する空間などではなく、故郷という観念の世界である。いわゆる伝統的文化などによって形成された観念的認識に基づく世界である。

しかし、観念的な世界は実体ある空間世界のなかにも存在する。思い出の世界は、多かれ少なかれ観念的な存在だからである。その二つの世界を分割するのが斜線のrである（図14）。この斜線の下の部分は、実体ある空間世界としての故郷とまったくの無関係ではないけれども、たぶんに幻想としての性格の強い故郷である。領域Aの一部が観念の世界に入るのは、実際に存在している場所や建物などに、思い出や思い入れを重ねることによ

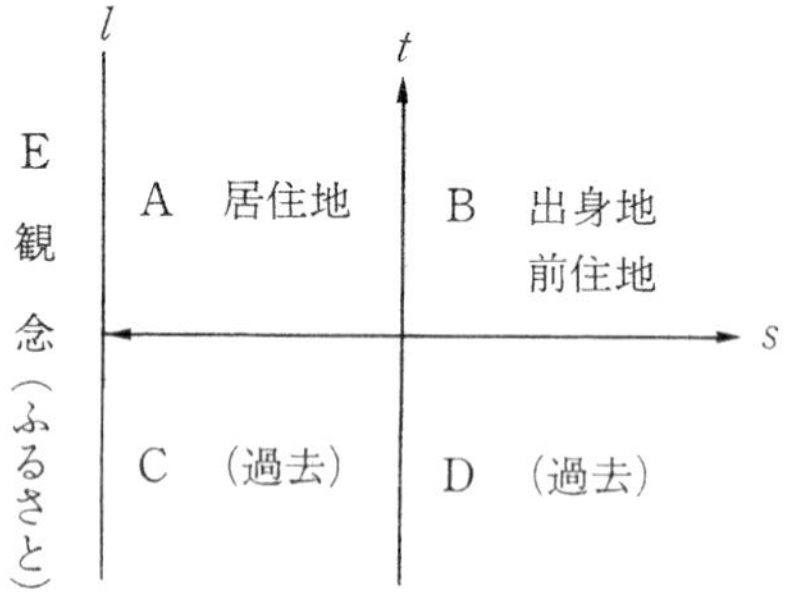

図13　空間的故郷観関係図

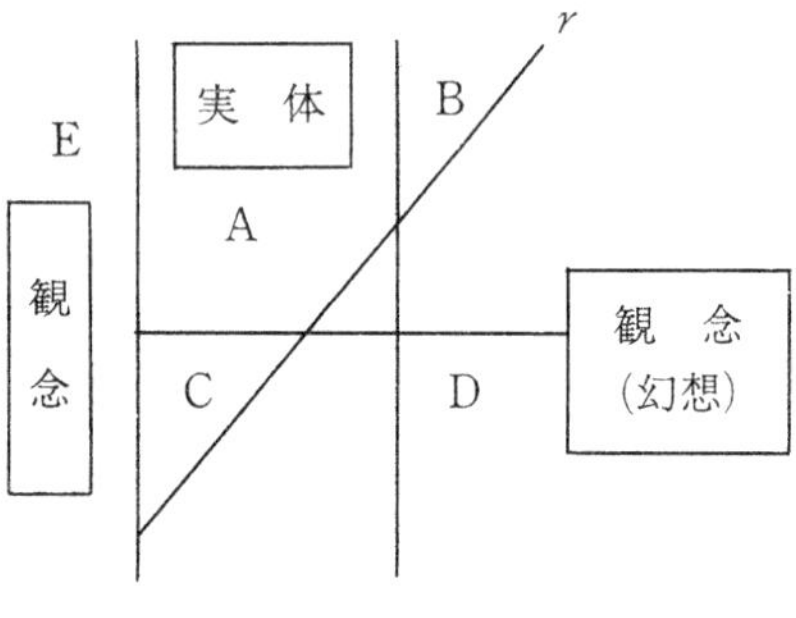

図14　理念的故郷観関係図

って実体はありながら、観念的な存在に転化することがあるからである。家並みの復元や、下町情緒を捜し出すなどというのはこれである。また、領域Cの一部が過去の存在ながら実体ある世界としての性格をもつのは、過去の思い出が写真や映画・ビデオなどにより、再現されることがあることに基づいている。領域Bは実体ある世界と観念的世界とに二分される。もちろん出身地や前住地は現実に空間として存在している。しかし、それだけではなく、過去の思い出を現実空間に投影してつくり出した空間としても存在しているのである。

このような関係のなかで、都市生活者eは六つの故郷とかかわることになる（図15）。点線の矢印①から⑥までである。①は出身地・前住地の、③は現在住んでいる所の、過去の思い出によって形成された故郷である。②は①の投影された故郷であり、⑥の現実の空間としての故郷と、しばしば比較される運命にある。その差異があまりにも大きくなり、②と決定的に異なると考えたときには、⑥の故郷、つまり出身地・前住地は故郷と考えることができなくなり放棄されることになる。

また、④は現実の空間に過去を投影し、③′は写真などのなかに過去を再現し、そこに故郷を見いだそうとする。⑤はまだ見ぬ故郷、観念的な故郷として、自らがつくり出した故

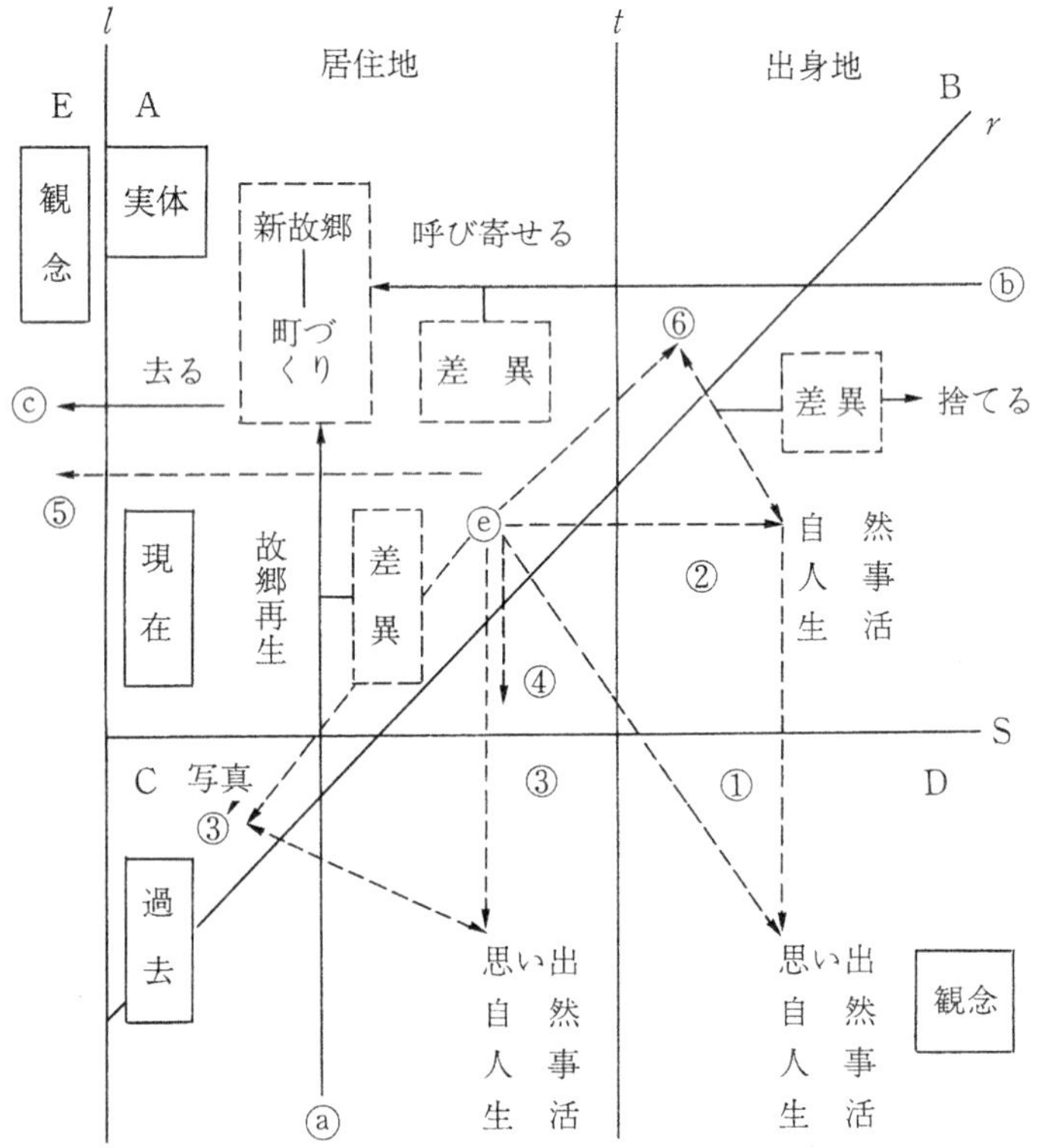
l
t
居住地
出身地
B
r
E
A
観念
実体
新故郷
町づくり
呼び寄せる
ⓑ
⑥
差 異
去る
差異
捨てる
ⓒ
⑤
ⓔ
現在
故郷再生
差異
自 然
人 事
生 活
②
④
S
C 写真
③
③
①
D
過去
思い出
自 然
人 事
生 活
思い出
自 然
人 事
生 活
観念
ⓐ

図15 故郷観概念図

郷である。故郷を失った人や、新しく故郷を求めようとする人は、この故郷の実現を図ろうとすることも多い。

新しい故郷をつくろうとするときの関係を示したものが実線の矢印である。いずれも現在住んでいる所と、帰属意識の感じられる場との差異の大きさによって、創り出そうとする故郷の内容は違う。しかし、一つは「故郷再生」として、居住地の過去の豊かな生活の再現としての方向でありⓐ、もう一つは、自らの「故郷」を居住地に呼び寄せることによって「ふるさとづくり」をしようとする方向であるⓑ。前者は時間の再現であり、後者は場の再現である。故郷が時間と空間とによって方向づけられているのであるから当然のことではある。

都市民俗誌の作成に向けて

都市民俗の発見

民俗都市の存在は、都市に民俗が存在することを前提としている。人びとの生活があるところには、文化が存在し、その文化は伝承性とまったく無関係ではないがゆえに、都市にも民俗が存在しているはずである。しかし、それはどのような文化であり、都市の民俗文化とは具体的に何を指すか、という問いに対する答えはなかなか出しにくい。都市生活者にとって都市の生活はあまりにも身近であり、そこから取り出すべき民俗文化を発見することが困難なのである。

もともと民俗文化は、すでに残存文化としてしか見いだせないものであったり、調査研究者にとって、異化できる存在であったりすることが多かった。異化することができたからこそ、民俗文化として意識できたということもできる。柳田国男が同郷人の学であると民俗学の一側面を規定し、村落生活を営む人が自らの生活を見直すことこそが重要であると指摘しても、何が具体的な民俗であるかは、都市生活者である柳田をはじめとする研究者たちが判断し、枠組みを作って示したのである。それは表層文化とは異なる存在として、基層文化を認めようとする視線と類似している。

もちろん文化を異化するのは、都市生活者が村落文化に対してだけではないはずである。村落生活者が都市文化に対してもなされるはずである。しかしそこに伝承性を認めることができるかということになると、にわかに困難さが増してくる。だが、民俗文化であるためにはそこに伝承性を見いださなければならない。

都市生活者が農村などに行って、そこで営まれる村落生活が、都市の生活といかに異なっているかを知る。しかもその生活が古典や古記録に見いだすものと非常によく似ており、古い文化がいまだに伝えられていると認識される。ごく簡単にいえばこのような経過のなかで、日本の「民俗」は形成されてきた。「故郷」の生活文化こそ日本の民俗であったのである。故郷は自らと連続しつつ距離をおいて認識されるものであるから、故郷の存在それ自体が民俗でもあった。

都市からの視線のなかで形成された民俗を、都市のなかで発見しようとすることは、都市の民俗を把握する方法としては十分ではない。異なった生活形態をもつ都市の生活を対象とするならば、都市への視線によって形成された民俗を発見する必要がある。それは、村落からの視線であってもよいし、都市の内部からの視線によってでもよい。そこに新たな民俗が現れるはずである。

民俗調査

民俗学の対象としての民俗は、時代と社会のなかに遍在する。それは人びとが営む生活の存在それ自体が民俗と深くかかわるからである。生活や、社会のあり方それ自体が民俗であるといってもよい。よりよい生活を目指して努力を重ねた結果が今の生活であり、社会だからである。客観的にはさまざまな評価があっても、その当事者はいつの時代にも、よりよい生活を目指していたはずである。何がよい生活か、それを実現しようとするにはどのような方法をとるか、などということはそれぞれの価値観に基づいている。そしてそれは文化のもっとも基層をなすものである。

こうしたものは、民俗学の存在とはまったく関係なく存在するものである。存在するからこそ社会生活が営まれ、日々の生活を営むことができる。ただ、そうした「民俗」は無意識の存在であり、そのままでは研究の対象にはならない。意識化し、資料化しなければならない。そのために行われるのが民俗調査と呼ばれる行為である。「調査」という表現からは、調査者と被調査者という図式化された人間関係が浮かび上がってくるが、実際にはそんなに単純ではない。

民俗を資料化するためには、何が民俗であるかを見極め、それを生活のなかから切り取っていかなければならない。その方法として行われるのが個別面接調査などともいわれる聞き取り調査である。しかしそれは、調査者が被調査者に質問して民俗を聞き取るというような、一方的な関係によって成り立つものではない。「調査者が質問しなければ被調査者は答えてくれない、答えてくれなければ資料としての民俗は存在しない」という性格をもつ「調査」である。何を聞き、何を答えるかというのはその両者が創り出す場のあり方と深くかかわっている。民俗を発見しようという両者の対等の協力関係と相互作用によって、はじめてそこに「民俗」が姿を現す。今まで無意識であったものが両者の協力によって意識化され、民俗が発見されるのである。両者の問題意識がうまくかみ合わないと民俗も意識化されにくい。

だが、都市における人びとの生活は多様化し、その生活体験も複雑である。民俗のあり方も村落生活におけるように、特定話者を代表者として把握するということはできにくい。

そのため具体的な民俗事象のみではなく、類型化し、抽象化することによって民俗を見いだすことが必要になってくる。何を取り上げ、どのように分析するかはそれぞれの問題意識とかかわってくる。ただその手続きとしては、まずは都市の民俗的生活の実態を把握するために調査がなされなくてはならない。それが民俗を発見するための契機である。都市民俗誌作成の目的の一つである。

民俗の把握

われわれが伝承文化としての民俗を把握するために行う調査は、まず現在の生活実態の把握である。それができるだけ民俗文化に基づく生活実態であることを期待している。だが、何が民俗文化であるかということ自体が研究の目的でもあるから、できるだけ日常・非日常を問わず、われわれの生活を伝承性を見いだすために見つめることから始めなければならない。

そうしたときに、いまわれわれがおかれた位置をまず明確にする必要がある。その一つは時間的な位置である。文化が過去から未来に展開する流れのなかの、現在という一時点にわれわれはおかれている。われわれの享受する文化は、民俗文化として過去からの伝承の上になりたっている。過去からの継続を認めるからこそ民俗文化である。そして、このような民俗文化は未来へも伝達され、継承されることが期待され、なんらかの文化の継続が認められるはずであることが想定される。生み出される民俗という概念は、このような時間的展開を前提とする。

だがわれわれのおかれている位置は、単に時間によって示されているだけではない。世界のなかの、あるいは日本のなかのある位置によっても示されている。民俗文化が地域的差異をもっているために、いわゆる日本民俗学の研究法としての比較研究法が成立していた。また、伝達継承の空間的展開である伝播《でんぱ》も、民俗文化にとって重要な要件である。言語周圏論から展開した民俗周圏論・文化周圏論、あるいは民俗地図なども、こうした伝播に注目した方法論である。つまり、われわれは空間によっても位置づけられているのである。

時間の流れと空間的な広がりとの交点において、われわれは、われわれの生活をとらえようとしている。そこに立ったわれわれに見えるものは何か。まず、自然である。たとえ都市が自然を克服しようとしていかに努めても、努めれば努めるほど都市は自然と深くかかわる。事実、都市生活者はなお自然に深い関心を寄せている。村の生活とは異なる対応の仕方ではあるが、自然との関係の上に都市生活を営んでいる。

都市は、人口の密集する空間としての側面をもっている。必然的に人との関係を無視することはできない。大衆といい、群衆といってもそれは生活者との関係において意味をもってくる。村落生活のように、閉じた空間を設定して、その空間内における人間関係、つまり社会生活を把握することは困難である。機能分化した空間とそれにかかわる人間集団のあり方が都市の生活を特徴づけるものの一つである。

都市は時代の先端を生き、もっとも高度の価値を有するとも目される表層文化を生み出し、時代とともに変転する風俗の発信地でもある。しかし、そうした都市においても、人の力ではどうにもならないことが存在する。変転極まりなく、軽佻浮薄《けいちょうふはく》ともいわれる都市の生活であるからこそ、人びとの生活に不安は潜む。競い合い、抜きんでる力に価値をおくからこそ緊張を持続せざるをえず、心身に疲労は蓄積する。増大する情報と多様な価値観のなかで自らを見失う。そこに超自然的な存在を、少なくとも頼ることのできる存在を生み出す。それは神といってもよい。ただ、村落社会における神とは必ずしも同じではない。仮に従来から使い慣れていた神という言葉で表現しているだけである。占いも流行もある意味では都市の神である。

都市の不安は、この世ならぬもう一つの世界を生み出す。元来各地から大勢の人びとが参集する都市は、その外側に異なる世界をもっていた。どこの誰とも分からぬ人びとと日常的に触れ合う都市世界では、異界の存在は現実的なものであった。しかし、闇を駆逐し、人の優越を前面に押し出した都市において、そうした世界であるからこそ生じた異界は、都市の内部にある世界である。それは都市の場の記憶が表出したものであることもある。また都市的生活様式のなかで再生されたものもある。それらは死後の世界としての他界の性格だけではなく、この世界（此界《しかい》）ではない、異なった世界（異界）としての存在でもある。

このようなわれわれを取り巻くさまざまなものとの関係を整理することによって、都市の民俗の把握を試みる必要もある。関係性の中に都市の民俗を見出すのであれば、それは空間としての「都市」とはかならずしもかかわらないことになる。「都市の民俗」は今や、日本全国において見い出すことが可能になろう。

都市民俗の記述

都市における民俗の発見・把握は、調査という場のなかでたしかに行われても、それがなんらかの形で定着されなければ、研究のための資料とはなりにくい。民俗を発見し確認するという機会を共有すること自体に意味がないということではない。自己内省の学としての民俗学であれば、自らの生活を見直し、新しい側面が意識されたということはそれだけで意味があるからである。しかし、発見された民俗をもとに、都市の生活文化を明らかにし、さらには日本の基層文化を明らかにするためには、それを資料として研究がなされなければならない。つまり、当事者だけではなく、将来にわたって関心をもつ人びとによって、活用されるようにしておかなくてはならないのである。

記録するための方法はいろいろ考えられる。音声記録・映像記録などもそうした方法の一つである。そしてこれは、いわば生《なま》資料である。生資料にはその生のもつ迫力があり、その資料でなければもちえない価値がある。しかし、それらの記録された資料の背景や意図なども同時に付記される必要がある。また、その資料のもつ意味もその調査の段階で得られた範囲で注記する必要もあろう。なぜそれが記録されたか、ということを示すことが、その資料を切り取らなければならなかった理由を明らかにすることになるからである。つまり、生資料を生かすための配慮がなされることが求められるのである。

そうしたことを配慮すると、確認された民俗を位置づけ、体系的に記述することは、是非ともなされなければならない作業であるということになる。それが、都市の複雑な生活を対象とするとき、記述の方法はいっそう重要になる。その対象と、視線を明確にし、重層的・多元的な生活を記述しなければならないからである。「都市民俗誌」としての民俗誌を配慮しなければならない理由がそこにある。

しかし、その具体的な方法はまだ十分に検討されてはいない。「民俗都市」の概念はそうした民俗誌の作成を前提とした概念でもある。都市の機能分化した空間に注目して、それぞれの空間ごとに記述すれば、それは都市の地域民俗学的な記述になるであろう。それぞれの空間を連ねて生活する、人の動きとともに記述しようとすれば、個人史（誌）的なものとなるであろう。人びとの生活の中に「都市の民俗」を見ようとするのであれば、あるいはこの個人史（誌）的記述の方法はさらに大きな効果が期待できるかもしれない。いずれにしてもそれぞれの方法はそこに示そうとする民俗の内容や性格によって異なってくる。ただいずれも資料の羅列的なものでないことは確かである。都市の民俗研究においては、この都市民俗誌の存在が基礎資料となるだけに、今後とも十分検討していかなければならない課題の一つである。

あとがき

東京という「都市」に生活するようになって、いつのまにか一〇年を越えてしまった。間もなく一五年になろうとしている。この間、民俗学において都市をとらえるにはどのようにすればよいかという問題意識は常に持ちつづけていた。東京に居を移す以前からの期間を加えればかなりの年月を「都市」に費やしていることになる。

長野県の農家に生まれ育ち、大学時代の四年間を除けば、常に「地方」の「農民」の意識で「都市」を眺めてきた。団地に暮らして農村とは異なる生活空間において営まれる生活のなかにも、民俗学が対象とすることのできる伝承文化が存在すると考え、それがいわゆる都市民俗学に展開することになっても、その視点に変わりはなかったようである。幼いころ、たまに祖父母や両親などに連れていってもらったときの町の賑やかな印象。稲の収穫作業がまだ済まない秋の夕暮れ時、いち早く遠くに街の明かりが瞬きだした情景。そうした幼時体験が知らず知らずに「都市」のイメージを作りだしていたのであろう。

生活様式の異なる都市の生活を営む人びともまた、日本の基層文化を踏まえているはずであると考え、異質の生活空間である都市における生活もまた村落の生活と連続するはずであると思い、村落と都市と二つの生活文化をとらえなくては民俗学の研究は十分ではないと考えるようになって、しだいに「都市」に深入りすることになった。そして村落研究に比較すると圧倒的に蓄積の少ない都市の民俗的世界をまずは把握しようとした。都市の性格から変化・変遷という時間的側面は無視できないながら、空間的側面に傾斜しがちであったのは、「都市」の民俗的生活像を把握したかったからにほかならない。

だが、そこで認識されていたのはやはり外側から見た幻想としての都市ではなかったかと思い知らされたのは、東京で生活を始めてからまもなくであった。それは、かつて描くことができると考えていた、村とは異なる「都市」の姿が見えなくなってしまったことと、かつて描いていた都市像に、東京に生まれ育った人が共感していないことを指摘されたためであった。そこで、外からではなく内側から都市をとらえるためにはどのようにすればよいかということが、最大の課題になった。

そこで、「都市」を民俗学の視点から抽象化することによって、よりその特色を明確にすることができると考え、「民俗都市」という概念によって把握してみようとした。そうした概念を設定することによって、「都市」の新しい姿を見い出せるのではないかという期待もあった。「都市」が単なる空間概念に止まるものではなく、ある意味で文化概念としての存在であればなおさら、民俗学の視点を明確にしておく必要もある。それによって空間に制約されない「都市」も把握することが可能になると思ったからでもある。

本書はこのような視点に基づいて「都市」を把握し、描き出そうとしたものである。時間と空間と、その両者に注目しつつ、そこに生活する人びとの日常生活を把握するとともに、都市生活者の心意をもとらえようとした。できる限り日常に生きる人びとの生活実感を踏まえて考えようとしたのである。その結果、ここに描かれた都市は、あるいは従来の「都市」のような華やかさや、流動性や猥雑さには欠けるかもしれない。そうした点において、いわゆる「都市」的ではない姿を強調しすぎたきらいがないわけではない。

だが、都市に生活しているわれわれの日常生活はそれほど華やかであろうか。むしろ仕事に追われ、疲れ、刺激を求めながら、また平穏な日々を願っている人も多い。個々人の日常生活を見ると、そこにはごく平凡な生活の展開がある。ただ、あまりにも多様な生活が重層しているがために、無秩序に、猥雑に見えるだけではないか。都市は生活や思想や価値観などが複雑に絡み合い、分化した社会であり、様々な生活体験を持った人びとの混在した社会である。その異なるところに注目することも重要であるが、同時に共通する部分、普遍的なところにも注目する必要がある。流動する側面と、比較的安定している側面とを持っているのがわれわれの生活だからである。

われわれは、時代の流れの先端において都市の生活文化を把握しようとしがちである。都市が政治的・経済的・文化的なある意味での中心性を持ち、情報を蓄積し、発信する機能に卓越しているところであるとすれば、先端においてそれを把握しようとするのは故ないことではない。しかし、都市はそれだけではなく、そうした先端性を支えている存在をも所有しているはずである。したがって、一歩退いてそうした側面にも目を注ぐ必要がある。民俗文化とも基層文化とも、あるいは常民ともいわれるようなものを対象としようとしてきた民俗学であれば、あえて「都市的」と認められてこなかったところにも「都市」を見い出す試みを不断に推進しなくてはならない。

もちろん、「民俗都市」という概念は抽象的概念であるから、そこに描き出された都市は、地図上に特定された都市ではない。どこにも存在しない、だが、どこにでもある「都市」である。ただそのような都市の生活文化・民俗文化を把握するためには具体的な生活実態に基づいていなければならない。空想によってつくり出されたものであってはならないことは当然である。

したがって、「民俗都市」は具体的な都市の生活の一側面でもあるから、いずれの「都市」も「民俗都市」であるといえる。その存在を把握し、記述し、明確にするためには「都市民俗誌」を作成することが最初の作業のはずである。だが、村落生活との対比の上で特徴的な民俗事象だけを抽出することを目的とするような調査に基づく「都市民俗誌」からは「民俗都市」は出現しない。

そのため、民俗調査や民俗誌について改めて考え直さなければならない。とりわけ、都市を対象とする調査や記述についての検討はいまだ十分ではない。本書の最後につけた「都市民俗誌の作成に向けて」はそうした認識に基づくものである。「民俗都市」の位置づけやその実態を中心として記述しようとした本書の構成からすれば、まさにつけたりに過ぎないものである。だが、都市を民俗学の調査・研究の対象とするためには、欠くことのできないテーマであると考えたのである。

本書は、拙著『都市民俗論序説』（雄山閣出版、一九九〇年）刊行以降、新たに調査し、検討を加えて発表した都市をめぐる諸論考をもとにして書き下ろした。その主なものは次の諸編である。「都市と伝承」（『日本民俗学 フィールドからの照射』雄山閣出版、一九九三年）、「民俗都市の構想」（『国学院雑誌』九四―四、一九九三年）、「生活暦の変貌」（『地域文化の均質化』平凡社、一九九四年）、「都市生活者の生活暦」（『民俗のこころを探る』初芝文庫、一九九五年）、「民俗都市のイメージ」（『新国学の諸相』おうふう、一九九六年）、「都市生活者の故郷観」（『日本民俗学』二〇六、一九九六年）。新たに構成しなおし改稿しているが、一部重複している部分もある。この点についてお許しいただければ幸いである。また、視点をずらすことによって明らかになった成果をもとに、前著のいくつかの点について修正した。

この調査検討の過程においては多くの方々の教えをいただいた。特に一九九〇年に有末賢・小林忠雄・望月照彦・和崎春日の諸氏とともに始めた「都市を考える懇談会」は一九九六年までに三二回の研究会を開催し、多くの方々の参加を得て都市にかかわるさまざまな討議がなされた。筆者の「民俗都市」の概念もまずこの研究会において検討していただいたものである。そのほか、伝承体・伝承素の概念や、生活暦や故郷観などについても検討する機会を与えていただいた。席上貴重なご指摘・ご教示をいただいたことに改めて感謝申し上げる。また、調査にご協力いただいた大勢の方々のご好意に対しても心からお礼を申し上げる。

なお、いくつかのテーマについては勤務校である国学院大学の、学部あるいは大学院の講義においてもふれた。本書を構想する上で学生・大学院生諸君の意見に触発された点が多かったことも記しておきたい。

最後に本書をまとめる機会を与えてくださった吉川弘文館の大岩由明氏、種々お世話をいただいた杉原珠海氏に感謝申し上げる。

一九九七年四月

倉石忠彦

著者紹介

一九三九年、長野県生まれ
一九六三年、国学院大学文学部文学科卒業
現在国学院大学教授

主要著書
子どもの遊びと生活誌　道祖神信仰論　都市民俗論序説

歴史文化ライブラリー
15

民俗都市の人びと

一九九七年六月一日　第一刷発行

著者　倉《くら》石《いし》忠《ただ》彦《ひこ》

発行者　吉川圭三

発行所　株式会社吉川弘文館
東京都文京区本郷七丁目二番八号
郵便番号一一三
電話〇三―三八一三―九一五一〈代表〉
振替口座〇〇一〇〇―五―二四四

印刷＝平文社　製本＝ナショナル製本
装幀＝山崎　登（日本デザインセンター）

歴史文化ライブラリー

1996.10

刊行のことば

現今の日本および国際社会は、さまざまな面で大変動の時代を迎えておりますが、近づきつつある二十一世紀は人類史の到達点として、物質的な繁栄のみならず文化や自然・社会環境を謳歌できる平和な社会でなければなりません。しかしながら高度成長・技術革新にともなう急激な変貌は「自己本位な刹那主義」の風潮を生みだし、先人が築いてきた歴史や文化に学ぶ余裕もなく、いまだ明るい人類の将来が展望できていないようにも見えます。このような状況を踏まえ、よりよい二十一世紀社会を築くために、人類誕生から現在に至る「人類の遺産・教訓」としてのあらゆる分野の歴史と文化を「歴史文化ライブラリー」として刊行することといたしました。

小社は、安政四年（一八五七）の創業以来、一貫して歴史学を中心とした専門出版社として書籍を刊行しつづけてまいりました。その経験を生かし、学問成果にもとづいた本叢書を刊行し社会的要請に応えて行きたいと考えております。

現代は、マスメディアが発達した高度情報化社会といわれますが、私どもはあくまでも活字を主体とした出版こそ、ものの本質を考える基礎と信じ、本叢書をとおして社会に訴えてまいりたいと思います。これから生まれでる一冊一冊が、それぞれの読者を知的冒険の旅へと誘い、希望に満ちた人類の未来を構築する糧となれば幸いです。

吉川弘文館

〈オンデマンド版〉
民俗都市の人びと

On Demand
歴史文化ライブラリー
15

2017年（平成29）10月1日　発行

著　者　倉《くら》 石《いし》 忠《ただ》 彦《ひこ》

発行者　吉 川 道 郎

発行所　株式会社 吉川弘文館
〒113-0033　東京都文京区本郷7丁目2番8号
TEL　03-3813-9151〈代表〉
URL　http://www.yoshikawa-k.co.jp/

印刷・製本　大日本印刷株式会社

装　幀　清水良洋・宮崎萌美

倉石忠彦（1939～）

ISBN978-4-642-75415-6